做有魅力的女人

魅力女人
会理财

薄志红 著

化学工业出版社

·北京·

《魅力女人会理财》以女性理财为主线，通过灌输理财理念，教女性如何进行金融投资、实物投资，如何进行风险防范，如何选择保险保障等，将理财思想、知识、技巧、方法以简洁、明快的方式告诉女性，女性阅读这本书既是一种享受，又得到一次学习理财知识的机会。希望本书能使更多女性懂得理财的重要性，并且学以致用，做到成功理财。希望女性能收获幸福，展现出女性独特的理财魅力。

图书在版编目（CIP）数据

魅力女人会理财 / 薄志红著. — 北京：化学工业
出版社，2020.1
　　（做有魅力的女人）
ISBN 978-7-122-34629-2

　　Ⅰ．①魅…　Ⅱ．①薄…　Ⅲ．①女性－私人投资－通俗
读物　Ⅳ．①F830.59-49

中国版本图书馆 CIP 数据核字（2019）第 105389 号

责任编辑：刘　丹　　　　　　　　　　　　美术编辑：王晓宇
责任校对：王　静　　　　　　　　　　　　装帧设计：水长流文化

出版发行：化学工业出版社（北京市东城区青年湖南街 13 号　邮政编码 100011）
印　　刷：北京京华铭诚工贸有限公司
装　　订：三河市振勇印装有限公司
710mm×1000mm　1/16　印张 12　字数 149 千字　2020 年 2 月北京第 1 版第 1 次印刷

购书咨询：010-64518888　　　　　　　　　　售后服务：010-64518899
网　　址：http://www.cip.com.cn
凡购买本书，如有缺损质量问题，本社销售中心负责调换。

定　　价：45.00 元　　　　　　　　　　　　　　　　版权所有　违者必究

前言

常言道："你不理财，财不理你。"女性需要拥有全新的价值观，不仅经济上不依赖别人，而且能够独立支配财富。我想，每位女性都渴望成为理财高手，但现实中并不是每个人都可以做到。

这是为什么？如果你用心观察就能发现，善于理财的女性会专门抽时间去学习理财知识，能听取理财高手的建议。

经济上的宽裕可以让人生活得更潇洒自由一些。那么，如何才能经济宽裕？除了努力工作赚钱，学会理财，让钱生钱也是非常重要的方法。会理财的女性，应懂得锦上添花，掌握更多理财知识和技巧；不会理财、不懂理财、不愿理财的女性，则必须改变思想，重新认识理财，真正重视起理财，尽自己最大努力去学、去做。

俗话说："钱找钱胜过人找钱。"为了能让更多女性学会理财，笔者以自己20多年理财的实践经验，为不同类型的女性倾力打造了一本真正接地气，集专业性、知识性、实用性、操作性、可读性为一体的理财书，希望女性朋友能够从中获益。

本书分5部分，共20章，以女性理财为主线，通过灌输理财理念，用经典案例加翔实分析教女性从如何避开理财误区、怎样巧妙"加薪"，到如何进行金融投资，包括储蓄、银行理财产品、国债、基金、股票等，以及如何进行实物投资，包括实物黄金（白银）、收藏等；再到女性日常如何消费更科学，包括理性消费、厉行节约、用"活"信用卡，让女性懂得避免不必要的浪费，守住钱袋子；最后，告诉女性如何防范理财风险、用保险保障一生幸福，让理财成果得到最大保护。

笔者在本书的写作过程中倾注了大量心血，可以说，把自己所学到的、所掌握的理财知识和技巧毫无保留地奉献了出来。非常感谢在创作过程中我的家人、朋友（薄巧红、毛丽英、孙元刚）对我的帮助与支持。最后，因笔者水平有限，疏漏之处在所难免，恳请广大读者批评指正。

薄志红

目录

第一部分 | 理念

第二部分｜金融投资

第四章 · 储蓄投资，在传统理财方式中"获利"

第五章 · 银行理财产品，低风险的投入高"收益"的产出

第六章 · 国债投资，稳妥当头实实在在当个"女债主"

第三部分 | 实物投资

第四部分 | 日常消费

第十七章 · 用"活"信用卡，不做"卡奴"

第五部分 | 风险防范、保险保障

第十八章 · 绕开商家陷阱，不花冤枉钱

第十九章 · 慎防理财猫腻，练就识诈的火眼金睛

第二十章 · 保险投资，为女人的一生遮风挡雨

第一部分

理念

| 第一章 |

理念先行，开启
魅力女人的幸福理财之门

第一篇

理财无小事，钱找钱胜过人找钱

在现实生活中，很多女性并不注重理财，觉得理不理财不重要。自己虽然不理财，但日子照样过得潇洒自如。其实，这是对理财认识不足。理不理财，日子过得肯定不一样。说白了，她们之所以这样认为，是因为她们没有真正体会到成功理财给她们的生活品质带来的提升。

当然，有些女性不会理财、不理财，日子确实也过得不错，但是，假如她们学会了理财并认真理财，那又会是怎样的境况？那无异于锦上添花，日子会过得更有品质。

人生在世，要活就应活得更漂亮、更潇洒。为了生活能有质的改变，让成功理财带给自己惊喜，每位女性都应把理财当成一件锦上添花的好事，最大限度地做好理财，真正实现理财收益更大化。俗话说：钱找钱胜过人找钱。所以，女性更应懂理财、巧投资。

姚莉莉在某私企上班，每月收入大约4000元，除去生活费，每月大约有1500元的节余。她认为自己每月就剩余这几个钱，属于"贫穷"范畴，

没"财"可理，所以每月剩余的钱直接留在工资卡账户里。现在，工资卡账户里的钱差不多有3万元了，她也不闻不问，让它们一直享受活期"低"利息。

闲钱不管有多少，只要合理规划，照样能让钱生出更多"子"。像姚莉莉这样把剩余3万元收入全存在工资卡账户中享受活期利率，满打满算存一年，也只能有几十元的低利息。如果存成定期一年储蓄存款，那将会有600元左右的收入，若是购买3年或5年期国债，平均每年会有超过1000元的收益。利息收入一对比，很明显就能看出这两种存钱方式的区别，后者要比前者的收益高出很多。所以，即使收入不高，只要懂理财，认真投资，就可以获得比原来高出几倍的收益。

这也说明一个道理，理财无小事，懂得打理很重要。因此，如果能够把心态摆正，有积极向上的理财观，成功理财的大门就会向你敞开。理财要想成功，阳光和积极的心态永远是第一位。

第二篇

确定长远目标，分步实现打开财富之门

人生没有目标，就像大海中的船只找不到自己前进的方向。理财也同样如此，只有明确目标，才会集聚更多财富。

有的女性也许想拥有一款名牌包包，出门挎着有面子；有的女性想拥有一辆私家车，上下班方便；有的女性想拥有一套房，自己住着舒适。在同样的条件下，有些女性可以在短时间内实现小件东西的目标，大件东西在几年内也会实现，而有些女性却只能当成梦想，多少年过去了，仍然没有一个能实现的。为什么会出现这种状况？归根结底还是自身原因：有梦想，但没有把它当成目标去规划并实施，理财不到位。有句俗话说得好：

"聚沙成塔，集腋成裘。"就是说，实现梦想需要一个过程，一个积聚的过程，这个积聚是一点一点来的，需要耐心，需要规划。

那理财目标该如何规划呢？科学性是硬指标，不仅要周密、细致，还要合理、可操作性强。

其实，多数的目标都来自女性的美好愿望。所以，女性不妨把这些愿望先列出来，短期、长期的都可以。挑选几个比较实际的作为参考，只有比较实际的目标才更容易达成，否则，最终还是镜中花水中月。不切实际的愿望必须要排除。

张晓美每月的工资收入只有2500元，一直租着小房子住，即使这些钱全用于生活，也不是高质量的，还要交房租，每月都是月光光。但她口口声声说，几年后一定要拥有属于自己的一套大房子，不再租住别人家那小房子。这实际吗？想要实现，我看是很渺茫的，靠工资一时半会达不到，即使是升职了。如果张晓美想换个新手机，即使高档一些的，只要日子再过得节俭些，适当拓宽一下财路，在一定时间内也是能达到的。

要想最终实现目标，做好计划是最重要的。假如自己连一点想法都没有，那就无法谈计划的实现了。不积跬步，无以至千里，要想实现目标，总要迈出第一步，先制定一个小目标，一步一步总会实现远期目标。如何制定目标？只有切合实际的愿望才可成为目标。最基本的要求就是必须要有达到目标的时间和具体达到的资金数量，然后通过这些数据再做细化与分解。

如果说10年后想买一套120万元的房子，那每年就需要有12万元"纯进账"，再细分到月，每月"纯进账"就需要1万元。当然这样细化分析并不一定科学，因为对于不少工作不固定、收入不固定的女性来说，每月、每年的收入肯定不会一样，但如果是工作相对稳定，又懂得科学理财的女性，收入波动不会太大。即使收入不够，也可以通过投资稳健型、风险小、保本型理财产品的收益去补充，如银行储蓄、储蓄国债、货币型基

金、保本保收益型银行理财产品、有保险和保证金兜底保障的正规理财公司P2P产品等。

通过分解，往往小目标会很快实现，而实现大目标可能会难一些，需要不断努力，并保持饱满的情绪。只要方向正确、动力不减，实现目标只是时间问题。

女性朋友一定要记住一句话："成功永远属于有心人"。

第三篇

私房钱理财，关键时刻显威力

周一曼结婚后，家里财政大权就被她牢牢掌握在手中。她家的财政虽然由她来负责，但一直处于"半公开"状态。在她结婚并开始管理家中财政后，有"心"的她还特意藏了私房钱。当然，她藏私房钱并不是自私，而是自有妙用。

在结婚之前，周一曼在一本书上读到过这样一则故事："从前有一个妇人，丈夫是卖油郎，她每天在丈夫出门卖油前，总是会悄悄舀一小勺油存放在家里的一个小缸里。她的想法是，万一家里哪天遇上急事用钱，也可以用这些偷攒的油卖钱救急。而正好在某年过春节时，她家缺钱，没法过春节。在丈夫愁眉不展时，她把攒的油卖掉，一家人用卖油钱欢欢喜喜过了个春节。"周一曼想，这个妇人真聪明，救急妙招很管用，值得借鉴。所以，她便有了藏私房钱的想法。

周一曼认为，一个善于管家、掌管家庭财政的人，必须会管、巧管，要有计划、有目标。一个家庭，日常会遇到不少需要用钱的地方。多数家庭财政状况是透明的，积蓄有多少，夫妻双方都清楚。如此一来，对于多数花钱不节制的男人，看到家里有一定的"家底"，就会放手去花，无形中

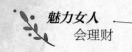

有部分钱就被白白浪费掉了。因此，一部分钱可以藏起来不让老公知道。

攒私房钱计划实施后，周一曼雷打不动，几乎每天都从日常开销中拿出几元、十几元，甚至几十元，在积攒到一定数额后，便存入活期储蓄存款账户上。当遇到特殊日子，她会拿出部分私房钱给老公或孩子送惊喜——买礼物。次数多了，老公也发现了周一曼藏私房钱的秘密。可是，具体周一曼藏了多少私房钱，老公并不清楚。当然，老公也理解爱人这样做的用意，除了不时给自己和孩子惊喜外，甚至还在急用钱时派上用场，上次他妈妈生病住院需要钱，家里的钱刚买了银行封闭式理财产品没法拿出来，正是老婆用私房钱救的急。

其实，私房钱理财也是一种很好的家庭理财手段，不少时候会让家庭生活锦上添花。那私房钱怎样"藏"，"藏"在哪里才能发挥更大作用，使家庭生活有更多受益呢？

其一：数额不宜过大

一个家庭中，夫妻双方都有维护家庭、提高家庭生活质量的责任和义务，所以，私房钱不能藏太多，适量就好。如果一方留的私房钱数额过大，势必会影响到家庭生活。如果私房钱比自己公开的钱还要多，那还能称得上私房钱吗？主次都不分了。因此，藏私房钱数额一定要控制，不能过多，不能挤占或者压缩家庭生活的正常开销。

其二：需对家庭有益

尽管私房钱是不公开的，但它最终还是要用在家庭正常需要或有益于家庭的事上。不能因为是私房钱，就乱花乱用。这些钱可以用在为家人送惊喜上，也可在家里缺钱时救急，简言之，私房钱最后还是要用在家庭上。

其三：必须因"家"而异

不同的家庭，在藏私房钱上也应不同，如果一方对另一方藏私房钱认可，那就可以藏，而如果另一方对藏私房钱非常反感，那最好不要藏，否

则会引起夫妻矛盾。如果另一方不同意藏私房钱，最好把各自的收入彻底透明化，或者实行AA制，各攒各的钱，需要用钱时，各出各的钱，这样也是比较合理的。

其四：定要知道打理

虽说是私房钱，数额一般不会特别大，但也应该学会打理，比如私房钱存定期储蓄存款，收益会比存活期储蓄存款高。当然，也可以购买收益不错的保本型货币基金，或在股市向好时，购买风险相对大些的股票型基金或股票等。如果私房钱打理得好，同样也能带来一定的收益，为家庭生活增光添彩。

第四篇

找对理财方式，最适合的才是最好的

做好投资理财很重要。理好财，可以不再做"月光族""卡奴族"，但投资理财又不是那么简单，不是谁都可以成为高手。有的女性也曾付出了、努力了，但效果仍然很差，这是怎么回事？笔者做了认真分析，发现一个共性问题：意识上出现偏差，却不能及时纠正，于是导致这种偏差越来越大，离预期目标越来越远。

那么，如何才能让女性收获比较理想的投资理财效果呢？笔者认为，选择适合自己的投资理财方式是最重要的，只有这样，资金才能真正得到保值，甚至更快增长。建议如下，以供参考。

建议之一：以资金实力决定投资理财方向

张小兰是家里的"财政部长"，她的收入和老公的收入都由她掌管。可几年过去了，家里的生活虽然有所改善，但并不理想，仍然没房没车。看到和自己同等收入的姐妹中不少日子过得很不错，她很羡慕，于是决定拓宽理财思路，认准投资方向，努力改变现状。她手里现在有50万元，说多不多，说少不少，和老公商量后，她决定把投资买房作为头等大事，但房子必须买得值。很快两口子便看好了一处新建的学区楼盘，她想，学区房虽然价位高一些，但投资升值潜力巨大，再说，就算自己暂时不想居住，到时也能租个大价钱，于是便心满意足地付了首付款。

对于任何女性，手里资金的多少决定了投资理财的方向，是投资理财成功的关键。如果手里钱少，肯定只能从小的投资理财品种入手；如果有三五万元，可以考虑投资一些升值潜力大的钱币、邮票，或投资一些自己能控制风险，收益又稍微高一些的理财产品，如正规、风控强的公司的P2P网贷理财产品；达到5万元以上，可以买些银行的理财产品等；如果实力雄厚，资金有保证，也可以做大的投资：做实业、购买好地段门面房出租或自己经营等。玩"空手道"，投资理财成功的概率很低。

建议之二：以职业性质决定投资理财经

王雅茜是上班族中的一员，每天工作时间都很紧，早上7点50到单位，晚上6点才下班，有些时候还会在单位加班。她手里攒了七八万元，前段时间听一个朋友说炒股、炒外汇赚钱了，于是她心里也痒痒，学着朋友又是炒股，又是炒外汇。因自己根本没有时间关注，没多长时间就亏得一塌糊涂，她对自己冲动的行为感到很后悔。

如果女性想要做好投资理财，资金是不可缺少的，但有时自己的职业特征同样也是左右自己成败的关键。有充裕时间、精力充沛，有技巧、有能力，炒股、炒外汇都是不错的选择；如果是忙碌的上班族，则不能选。如果没有时间，还是应选择那些保本、保收益的理财产品，如国债、某些保本带红利的保险品种、银行理财产品等。

建议之三：以年龄大小决定投资理财路

李建丽阿姨今年已经55岁了，她一直都选那些保本但收益低的理财产品。现在她觉得如果一直这样做保守理财投资，到了没有收入需要养老

时，自家的日子只能普普通通过，不会有太过宽松的晚年。所以，见有些较自己年轻些的女性炒纸黄金赚了钱，李阿姨自认为也能行，结果不但没赚钱还亏了不少，如果再亏，甚至会严重影响到李阿姨晚年的生活，好在她赶快收手。

对于每位女性，年龄在一定程度上决定着她的投资理财路应该怎么走。年轻是资本，投资理财亏了，还有时间赚，但年龄大的就不同了，因身体机能等因素限制，赚钱的机会就会变少，一旦投资失利，很可能会影响到晚年正常生活。所以，年龄小的女性，在选择投资理财产品时，风险大与小的都可以选择；年龄大的就不同了，只可选择风险小的，应选择保守投资理财——如保本型、风险小、收益稳定的产品中的银行储蓄存款、国债、货币型基金等。

建议之四：以个性、兴趣决定投资理财观

宋娇娜，别看名字娇气，人一点也不娇气，是那种精明干练的女孩。在上大学时，因自己对计算机感兴趣，便学了计算机专业。为减轻家里负担，她在节假日、长假时到计算机培训学校应聘当辅导老师赚取学费。很快她就大学毕业走向社会。面对未来的路，她有了明确定位，小钱已经无法满足她。她决定自主创业，什么项目是自己创业的方向？她想到了时下最火爆的网上开店，投资小，自己又是计算机专业的。很快网店就开起来了，她把网店"打扮"得漂漂亮亮，非常吸引人，又把质量过硬的商品"摆"到网店里，首月就来了个开门红，她相信自己网店的生意会越做越红火。

每位女性都有不同的兴趣、爱好、特长，这些都是决定女性投资理财观念的重点，有人保守；有人喜欢冒险；有人属中立，有时候保守，有时候也喜欢去冒把险。而无论理财也好，投资创业也罢，最好以自己的性格和兴趣为基点，这样，成功的概率才会更大。风险系数小的，适合保守的女性；风险系数大的，适合承受能力强又喜欢冒险的女性。

第五篇

手头缺钱花，换换思维找对融资方式

在生活中，任何人都会遇到缺钱的事，特别是购物狂和爱旅游的女性，更是免不了在购物或旅游后陷入缺钱的尴尬。当遇到这类事时，谁不发愁、犯难呢？

其实，没必要如此，能解决缺钱困难的"自救"方法很多，笔者介绍三种"融资"妙招，帮女性朋友解"钱"愁。

"融资"妙招一：透支信用卡"拿"钱，让尴尬场面迎刃而解

武月梅是个十足的购物狂，平时就爱买买买，天天盯着网店抢秒杀，但总有几次，这个月前面买得多了，后面遇到特别心仪的商品，又掏不出钱，只能错过，这让她很犯愁。一位银行工作的朋友给她提了个建议，让她办张信用卡，这种小问题就很好解决了。于是，她便听建议办了张信用卡，没想到真管用，以后再没发生过类似的尴尬事，同时她还享受到了信用卡透支消费在短期内免息的好处，让她一"卡"多得。

假如能办张信用卡，这种尴尬场面自然会迎刃而解。现在多数银行都可以办理信用卡，这种卡允许持卡人进行透支消费和适当透支取款，而银行还会给予透支消费最长50多天的免息期，现金透支取款会收取一定透支手续费和利息。

"融资"妙招二：拿存单质押贷款，解困避"损"一举两得

周冰倩是个单身妈妈，女儿上大学后，第一次交学费就需25000多元，但她手上仅有5000元现金，这样一来，想凑够孩子学费还有2万多元的缺口，而这几年她经过辛苦积攒，有了一张3万元定期3年储蓄存单，可还需半个多月才能到期，该怎么办呢？如提前支取，两年半时间定期就等于白存了，利率要按银行最低活期利率计息。自己赚钱不容易，如果白白

损失不少利息，她真于心不忍。她想向亲朋好友借，可跑了几家才借到不足9000元，还有1万多元的缺口。没办法，她最后只好忍痛决定提前支取那张定期存单。可到银行后，工作人员给她提了个很好的建议：采取定期存单质押向银行贷款的方式解决资金困难。虽然她要掏一部分贷款利息，但与提前支取的利息损失相比，贷款利息简直不值一提。

现在各家银行基本都已开办这种业务，只要拿上定期存单质押就可贷到存单面额80%～90%的资金。但同时需要知道，在办理定期存单质押贷款时，必须算好经济账，看究竟是定期存单提前支取合算还是质押贷款合算，当心得不偿失。

"融资"妙招三：把实物典当借款，燃眉之急瞬时解决

常菲儿是个旅游爱好者，经常到处旅游。某次旅游回来却想起来有笔培训费要交，可是这个月工资花得差不多了，下个月工资还早。这笔培训费要是现在不交，就错过优惠期了。正在她愁眉不展之际，发现前面有家新开的典当行，抱着试试看的心态，她走进了典当行，没想到典当行真的可以帮上忙。她回家取了两件黄金首饰去典当，培训费就凑够了。

典当是一种以实物为抵押，以实物所有权转移形式取得临时性借款的融资方法。质押品范围较广，可以是金银首饰、有价证券，也可以是家用电器、邮票古币、汽车，手续简单，有本人身份证和合法抵押品便可以办理。典当物一般按照商品价值50%～80%估价，典当费一般每月不超过5%，这其中包括手续费、保管费、利息等。赎回期一般最长不超过半年。但需要提醒的是，如果典当到期，一时还不了当金，必须及时续当，否则在5日（各个典当行规定有所不同）后就会成为死当，典当行有权处置典当物。

| 第二章 |

富足一生，理财坏毛病、误区通通都是绊脚石

第一篇

学会排除理财"地雷"，让财富有效增长

理财，对女性来讲，是一个永远绕不开的话题。但是，在日常理财中，有很多女性认为，理财是有钱人的专利，对于自身的理财觉得无所谓。这不免使很多女性踩上理财"地雷"，严重制约了她们钱财的有效、稳步增长。那么，女性理财时会遇到哪些"地雷"，又如何排"雷"呢？下面，笔者给您支几招。

"地雷"之一：储蓄最保本，"存钱"等于理财

乔娜娜每月的收入不低，除了正常开支外，还会有一部分结余。可她认为自己还很年轻，理不理财无所谓，把自己的结余全部存入银行就是最好的理财方式。因为把钱存入银行可以保本，最安全，而且还能够赚到利息。于是，每当有结余的钱，她就会全部存入银行。

很明显，乔娜娜的理财渠道太单一，把钱都存进了银行，在一定程度上错失了结余资金获得更大增值的良机。所谓理财，就是追求相对利益最大化。特别是她还很年轻，即使投资一些有风险但可获"高利"的品种，

又何尝不可呢？因此建议，在理财时应将一部分结余资金存入银行储蓄；一部分结余资金投入风险不大、收益高于银行储蓄的产品：货币基金、储蓄国债，甚至一些互联网理财产品，如余额宝等；而另一部分可转为好股票或股票型基金等增值比较快的理财品种，炒黄金、外汇也可以适当尝试，虽说风险会大一些，但只要把握好良机，提前多做功课，也许就会有高回报，当然也不能盲目去炒。

"地雷"之二：炒股能暴富，积蓄全投股市

郑嘉欣工作后，通过自己辛苦工作居然积攒了足足6万元。她看到闺蜜们都有了自己的私家车，心中的欲望也膨胀起来，想买一辆价格在10万元左右的车。但若全额支付，这些积蓄远远不够，可又到哪去"弄"钱呢？她听说炒股利润很高，就想去试试，认为只要去炒股，就能让自己暴富，赚大钱，那买自己中意的私家车肯定就不在话下了。于是，她便一股脑儿把6万元钱全投在了股市，没想到选股不慎，又赶上股市行情低迷，资金大缩水，没暴富，反而亏得一塌糊涂，现在还套牢在股市中，私家车没买成，暴富也成了泡影。

炒股虽可以暴富，但必定是极少数人，像郑嘉欣这种状况，投资时应该注意流动性、安全性与收益三者的平衡协调，而不是拿全部积蓄去高风险的股市中冒险。建议非专业人士在打理钱财时，即使想获取高收益，也最好是把一部分钱放在稳健型理财"高息"品种上，如5万元起的银行理财产品、储蓄国债、规范有保障的P2P网贷理财产品等。这样就会有个保障，不至于亏得一塌糊涂。

"地雷"之三：不按实出牌，只知盲目随"流"

陈凯丽在外企上班，3年时间就攒下13万元。于是，她决定买辆10万元左右的私家车代步。她买车时，对方告诉她可以分期付款，自己可先付一部分，银行贷款解决一部分，而后自己慢慢还。于是，她也没多想，没考虑本来自己的钱就足够，办理了分期付款手续。结果，她交贷款"高"

利息的同时，自己的存款却在享受着"低"利息。

所谓分期付款，一般是在不具备一次性购买能力的情况下使用的一种消费支付方式。而陈凯丽，本来有支付能力，却盲目随"流"选择了分期付款。她这么做是很划不来的，因为贷款利率要高出存款利率很多。她选了分期付款就相当于选了损失钱财。因此，遇到这种情况应根据具体情况而定，否则受损失的还是自己。

"地雷"之四：不去看"实效"，只一味信广告

梁慧颖手里有5万元，准备购买国债，可是没买到。正好她在一家银行的宣传单上看到，该银行正在代理发行某保险公司一款分红型保险。该分红型保险的预期收益同期会远远高于储蓄和国债。她轻信了广告，把5万元全买了分红型保险。没想到分红型保险到期后，其实际收益没有宣传单上写的预期收益那么高，只是和储蓄、国债的收益差不多。

很明显，梁慧颖买的这款保险是分红型保险，但收益毕竟是预期的，只有保险公司运作得好，分红才会多，反之则少，切不能拿预期当实际。如果购买的保险是固定收益的，并在现金价值中体现，那收益肯定会达到。在购买这种分红型保险时，一定要看其过往业绩。如果过往业绩不错，则可考虑适当入手；如果不太理想，那么，广告再好也应慎重考虑。

第二篇

下足猛药，让理财"病症"通通痊愈

理财是个细活儿，如果理得好可以锦上添花，如果理不好，就会走入误区，踏进陷阱。特别是遇到一些情形，不能及时抽身，更容易患上理财"病症"，使财务出现危机。那么，女性在理财时容易患上哪些"病症"，又该如何医治呢？笔者给女性提供一些解决方法。

重症之一：购物没节制，消费太随意

梁越兰是个购物狂，每周不进几次超市，去几次商场，到网店购几次物，心里就会不舒服。特别是每月发工资后，更免不了庆祝一番，只要看上眼的，不管有用没用都要买，直到钱花得差不多才满意。而在接下来的日子里却又因消费过度，日子过得紧巴巴。有一次还未到月底，她身上连100元都拿不出来，最后，交电费的钱还是向同事借的，搞得很没面子。

女性消费时必须做到合理消费，切不可太随意，要有计划、有步骤地花钱。在任何时候都应做到"先算再用"，并在每月发工资后先存一部分，这样不仅可以增加积蓄，还可以很好地控制消费。坚持这么做，生活不仅始终会走在正轨上，还会小有积蓄。当真正急用钱的时候，也不会因缺钱而出现丢面子的事。

重症之二：理财不在意，"蒙"眼过日子

燕美卿在理财方面很不在意，觉得无所谓，只要自己活得潇洒些就行，可就因这种思想作祟，她吃了不少亏。一次，她急需用钱，可到银行取定期存单时密码忘记了，身份证还没带，结果误了事。自己有医疗保险，生病住院花了不少钱，需到保险公司"报销"，却找不到保险单，找到后，报销已过时效期。在理财方面一团糟，还想日子能过得潇洒，那只能是自欺欺人。

燕美卿这种情况，属"蒙"着眼睛过日子，根本看不到自身毛病，那在理财方面损失钱财、多费周折也就不足为怪了。如何才能脱离这种状况，在理财时真正走上正轨呢？现在最急需的就是马上清点资产，并对存单（折）、保单等重要凭证、单据进行整理保管，同时对相关重要内容进行登记，如存单（折）所存日期、金额、所存银行地址等，保单何时投保、何时到期、哪家保险公司、具体保什么等。这么一来，对自己的资产就会有一个明确的底，如需要就能很快找出来，从而避免时间和钱财的浪费。

重症之三：花钱如流水，理财没计划

马晓佳属上班一族，每月收入不低，足有5000元，挣着不低的工资，她觉得不能亏待自己。所以，经常不是去酒楼吃饭，就是去酒吧潇洒。结果，每月不到月底，钱袋就空空如也，问钱哪去了，就知道潇洒了，具体花了多少，根本弄不清，上班6年，连1万元积蓄都没有。

马晓佳属于理财没计划，成为"月光"女也理所当然。那么如何才能避免"月光"呢？最好的方法是建立开支登记簿，智能手机就可搞定。下载个记账APP，在记账软件上进行记账，对每笔收入和支出全部分类记账，到月底进行大结账，结出余额。通过记账找出多余"浪费"支出，下月再花钱时，心中就会有底，理起财来就会有计划。长期下去，自己的存款也就会一天天增多起来。

第三篇

改掉理财坏毛病，才会过得更从容

现在，随着理财产品的丰富和女性理财意识的提高，更多女性懂得了理财的重要性。但理财归理财，毛病却不少，笔者把常见的一些坏毛病总结如下，看你中枪了吗？

坏毛病之一：只知道投资，不计算收益

不同的理财产品会有不同的收益，对于投资，收益肯定是最重要的。但有些女性只知道投资，对于收益却从不计算，这是不应该的，要理财就不能偷懒，收益该计算就得计算。张晓娜懂得了理财的重要性，所以，从不让手中的钱闲置，今天投资银行理财产品，明天投资国债，后天投资股票、基金等。几年下来了，尽管理财产品投资不少，但收益多少，她赚了多少，自己都懒得计算。从理财角度讲，她的投资属于糊涂账，这是要不

得的，可能她投资了几年，没有给她带来收益，反而连本金都亏损，只是自己不知道而已。这种盲目不计算收益的行为，实际上是失败的投资，想要投资获利，是绝不能这样做的。

对于投资，尽管不用天天计算收益，但最起码一个月下来要算一算。只有计算才能得出自己这段时间投资的收益，否则亏了钱也不知道。如果选的是固定收益理财产品，如储蓄存款、国债、保本保证收益型理财产品，收益会是正收益。而如果投资股票、股票型基金、黄金等收益会大幅变动的，收益可能就是负的，这就需要及时计算，以便及时发现投资"问题"，从而做到及时调整投资思路，让自己的投资能够获得更大收益。

坏毛病之二：投资没主见，屡犯纠结病

如今，理财产品五花八门，为更多女性提供了很多选择平台，但不少女性选择理财产品时很纠结，栗菲儿就有这种选择困难症，存了储蓄存款、购买了国债都觉得收益不高；参加了P2P网贷理财，收益高了，又觉得平台不安全；想投资股票、外汇，觉得来钱快，又觉得投资风险大，选来选去，自己也不知道投资什么好，今天选这个，明天选那个，折腾来折腾去，心里没底，收益不见长，自己还脑子里一团乱。

每个人的投资经验、阅历、资产以及风险承受能力都是不同的，就投资而言，风险小的理财产品往往收益普遍较低，而风险大的产品，若投资成功，则收益较高。基于这点，在选择理财产品时，如果是有经验且风险承受能力较强的，在选择投资时，资产配置可以适当多配置一些高风险、高收益的产品，反之就多配置一些低风险、低收益产品，切不可投资没主见，选择没方向。

坏毛病之三：槛低收益高，无法抵诱惑

投资最大的吸引力是什么，无疑是"高收益"，如果门槛又低呢？是不是诱惑力会更大，回答是肯定的。但投资必须理性，要看好了再投。王雪燕手里攥着几万元钱，不知道该投到哪儿，正好听说有个好投资项

目——"某某互助理财"，门槛低、回本快、收益高，好多人在抢着做。经不住诱惑，很快她也加入了投资该项目的队伍。确实，刚加入时收益增长快，将投资收益提款到自己卡账户上也方便、快捷，她窃喜，觉得自己找到了好投资项目。没想到，几个月后，她的本金还没有全拿回，理财平台却再也点击不开——关闭了。到头来，她收益没拿到多少，本也赔了进去。

高收益、低门槛对于投资的女性来说，无疑是不错的选择，但前提是推出这么好的理财产品的平台正规吗？投资这样的理财产品风险大吗？你投资后，你的投资资金流到哪里去了？这些你都弄清楚了吗？投资理财，资金安全是第一位的，所以，不能盲目选择这样的高收益、低门槛的平台，必须慎重。投资者一定要考察好了再选择投与不投，否则就会亏本，甚至血本无归。

第四篇

辨识理财误导，避免断了"财"路

理财，对任何一位女性来讲都非常重要，把财理好，生活可以过得更惬意。很多女性往往想把财理好，却最终事与愿违。问题出在哪儿？笔者通过调查分析得出，不少都是理财误导惹的祸，归结如下。

误导之一：鸡蛋放在一个篮里更稳妥

唐晓静对理财一点不懂，听一位闺蜜说，把挣到的钱全部存银行参加储蓄，不仅有收益，资金还安全，把钱只用于一项"投资"更容易打理。于是，她便学着闺蜜的做法，把自己挣的工资，除生活费外，都存在了银行。可经过自己一年多的实践，她发现一个"问题"，钱只用于一项"投资"，确实管理不费心，但如果钱只全存银行，收益却不高。听其他一些

朋友、同事今天说投资某某理财产品赚钱了，明天又投另一项理财产品赚钱了，她心里打起了鼓，难道只把钱投资到一个项目更稳妥，是错误的吗？

就投资理财来讲，最好是采取"鸡蛋放在多个篮子"的策略，这样更容易分散风险。同时，多条腿投资，肯定就会遇到相对不错的理财产品，而好的理财产品，也能为自己带来更多收益。

误导之二：理财好品种适合任何人

牛丽玲听朋友说，电子储蓄国债是一个好的理财品种，也看到过不少人抢购电子储蓄国债。所以，这两天发行电子储蓄国债，她正好手上有5万元，于是也决定抢一把。那些认识的抢买国债的朋友都说电子储蓄国债适合任何人。没想到，5个月后，当她急需用钱，要提前兑取电子储蓄国债时才知道，并不是理财好品种就适合任何人，因为她提前兑取电子储蓄国债，不仅没得到利息，反而还被收了50元手续费。

虽然有的理财产品好，但是不一定适合所有人，往往只是适合大部分人。就电子储蓄国债来讲，确实是不错的理财产品，但同时也存有"弊端"，不到半年提前兑取不计算利息，反而还要收取千分之一的手续费。假如自己会在短期内或近期用钱，电子储蓄国债即使再好，肯定也不适合自己购买。

误导之三：年轻时攒钱不是很必要

刘敏娜认为有钱就花，不攒钱，享受生活才是硬道理。现在还年轻，攒钱的日子长着呢！所以，每年挣的钱，她不是用于吃喝、买衣服、购化妆品，就是用于旅游，就这样潇洒地过了几年。可接下来，随着生存环境的变化，工资收入的降低，必须花钱的地方越来越多，她才意识到，当年那种不攒钱的做法，绝对是有问题的，现在需要用钱时，因没有积蓄，就得东拼西凑、东借西借。

对于年轻女性来说，享受生活无可厚非，但就生活来讲，理财攒钱很

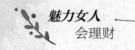

重要，还是应从年轻时做起。因为在未来的日子里用钱的地方有很多，想买一辆私家车需要钱，想买新房需要钱，万一生了大病也需要钱等。钱是日积月累攒起来的，不是短时间就能聚起来的，时间越长就会攒得越多。

第五篇

学会聪明理财，不做"月光女"

现如今，在一些大中型城市，不少单身女性总徘徊在"负翁"和"月光"之间，可以称作是十足的"月光女"。

那么，这些"月光女"究竟是如何产生的，钱又跑哪儿去了呢？说白了，就是她们缺乏良好的理财计划与习惯。如何才能做到、做好理财，让她们不再是"月光女"呢？笔者来支四招。

招数之一：少逛超市，控制欲望少购物

柳玲梅爱逛街，每月工资不到月底就全花在购物上。再过3个月就是妹妹生日，她答应送她一台价值5000元的笔记本电脑，可现在她连500元也拿不出。如果到了妹妹生日那天，因没钱不能兑现承诺，那自己脸往哪搁？为了攒够买笔记本电脑的钱，实现承诺，她开始反省自己为什么会成为"月光女"。对，就是过度、不合理消费。症结找到了，她便开始实施计划，每月尽量少逛街，即使去也控制自己的购物欲望，少买一些。没想到，这样做，当月便见了效。她开始有了结余，买笔记本电脑送妹妹当生日礼物当然也有了希望。

要脱离"月光女"，减少消费支出、控制购物欲望非常重要。超市、商场不能有事无事都去逛，如果经常逛，随时都会发现自己喜欢而又不是必须要买的东西，一旦控制不住购买欲望，就会浪费钱财。

招数之二：坚持记账，有计划地花钱

郑月娜参加工作多年，每月工资4800元，几年下来却一点积蓄也没有。是她把钱办"大事"了？不，她是每月还不到月底就乱消费了。她是家中独女，而父母没有正式工作，随着年龄的增长，父母会失去生活来源。所以她觉得如果再不攒钱，给父母养老就会成为问题，到那时自己一定会成为不孝女。为此，她决定在理财管理方式上想办法，寻找钱财流失的源头。因此，她从最基本的做起，在手机上下载了一款记账APP，记了一下收支账，两月下来，她便发现了漏钱"黑洞"——盲目消费。找到问题根源，第三月开始，她便开始有意识地进行消费支出调整，没想到当月她便惊喜地发现，自己居然结余了1000多元，而这些功劳全归记账式理财。

记账式理财对"月光女"很有用，但需要坚持。那么，记账式理财如何记呢？就是把自己每月的收入和开支分别列出清单，特别是每笔消费明细更要列清楚。当月结账汇总结出余额，看是正数还是负数，然后根据实际情况进行财务分析，找出不必要的消费支出。

招数之三：强制储蓄，发薪后就存钱

肖洁倩花钱消费无节制，经常不是去蹦迪，就是去泡吧，每月3900元工资不到月底就花光光了。最近她想换部新手机，虽家里富裕，可总不能上班挣钱了还伸手向父母要。如何才能告别"月光女"，尽快让自己攒下买手机的钱呢？她决定实施"攒钱"理财计划——到银行开一个零存整取账户——强制储蓄，1400元作为每月生活费，2500元存进零存整取账户。她算了一笔账，这样坚持3个月，自己零存整取账户就会有7500元存款，到那时自己即使买一部好点的手机，也还会有结余。

脱离"月光女"这种办法很管用，强制进行储蓄，再想多花钱也没有了。参加零存整取储蓄确实是一个控制自己开支的好办法，除了这种方法外，还可通过购买一些固定收益保险、储蓄债券、货币型市场基金等安全性相对较高的理财产品去控制开支。

招数之四：另辟"钱"径，用特长赚外快

王慧琴虽工资不多，但花费惊人，工资一月接不上一月花。而她家庭又不富裕，如此一来，她当初想的参加工作挣钱后接济家里，便成了泡影。虽父母三番五次叮咛她不要考虑家里，但她知道家里状况，因而很内疚。如何才能脱离"月光"窘境呢？她想到了拓展财源，她天生有一副好嗓子，所以，她参加了市里组织的民间歌舞乐队，利用周末去演出挣出场费。没想到特长一发挥，很快她便走出困境，开始有了结余。

要摆脱"月光"，懂得节流很重要，同时，要能开源更是有很大帮助。所以，对于"月光女"，如果自己有特长，不妨把它利用起来，比如有绘画才能，可以开相关培训班挣钱；如有写作才能，可以写稿向杂志、报社投稿挣稿费等。

| 第三章 |

笑傲职场，深蕴"薪"规，步步为"赢"

第一篇

规划职场蓝图，用"价值"换"财富"

职场女性之所以能够成功，并不是天上掉馅饼正好砸到了她，而是她们有独特的一面，能力强是一方面，懂得职场规划更是必不可少。规划好蓝图，朝着方向努力，多年后，自然水到渠成。

身在"职场"，职位的高低决定着薪酬的高低。为什么同样都是女性，有的在公司一直是默默无闻的薪酬低的小职员，而有的却由薪酬低的"小职员"，一步步向薪酬高的公司"领导"职位迈进。也许有人会说，这是能力所为。当然，这句话无可挑剔，但能力大小一部分是父母给的，另一部分是靠后天努力获得的，是她们对自己有很好的职场规划，循序渐进，最终让自身价值获得更大体现的结果。

提起我的一位现在已成为某杂志社主编的朋友，我对她整个职场成长过程佩服得五体投地。之所以佩服是因为她并非科班出身，也并非天生就是做主编的料。她从入职时的一位临时工开始，经过自己对职场的规划和努力，最终走上领导岗位，成为最后的赢家。

　　她最初进入杂志社时，既没有学历，也没有资历，领导肯定不会看重她，编辑部卫生的打扫、纸篓的清理都是她的事，苦活累活当然也不会例外。其实，她最初进入杂志社时，梦想是当一名编辑，并且是那种成功的编辑，但现实是残酷的，当编辑，她根本搭不上边。她也知道，这与自己的学历、资历是分不开的，好在自己有一颗热爱文学的心，即使工作不是自己想要的，也以饱满的热情投入进去。同时，她开始考虑为自己增加职场含金量，购买了大量书籍，有编辑方面的，还有自考大学文凭方面的。

　　编辑部主任看她是一个上进的女孩，有时候，当有的编辑请假，人手少，忙不过来，编辑部主任就会让她试着帮忙，她的每次努力，编辑部主任都看在眼里。而同时，她也在为自考大学文凭继续努力着，经过两年多时间的努力，她最终以优异的成绩拿到了大学文凭。此时，她有了大学文凭，临时编辑也不知做了多少回，且每次编辑的版面都相当出彩，同事们开始对她刮目相看，特别是她还陆续写了不少文章，一些在本杂志社发表，一些在全国有影响力的知名杂志发表。在一家有影响力的知名杂志社的征文比赛中，她还获得了第一名。有些版面策划的事，甚至同事开始和她交流意见。这时，正好一位编辑离职了，因为编辑部主任的认可、同事们的看好，她顺理成章地成了一名正式编辑。

　　成了正式编辑，她非常高兴，终于圆了自己的一个梦。走上正式编辑岗位后，她没有懈怠，更加勤奋，更加努力，并针对她所负责的版面先后做了几次大的策划，都获得很好的反响，编辑部主任和同事们都对她的策划能力竖起了大拇指，同时几次成功的轰动策划也引起杂志社领导的注意。几年后编辑部主任退休了，按照能力和原编辑部主任的推荐、同事们的投票，她以满票当选新的编辑部主任。再后来，她带领编辑部的同事，年年被评为优秀部室，而她也被评为优秀干部。

　　自身的努力，能力的发挥，使她得到了社领导的器重。在杂志社主编岗位空缺后，自然而然，重担就压到了她的肩膀上。当然，年薪也比过去

多了很多。

　　这位朋友的成功事例正是说明了，如果你能够以满腔的热情投入到工作中去，用心去做，有目标、有理想，就一定会成功，最终使自己的价值得到体现。投资了工作，也就相当于投资了"财富"，而这种"财富"取之不尽、用之不竭。

　　那些奋斗拼搏的日子正是追求幸福、获取财富的过程，如果在一生中自己的价值能得到更大的体现，是不是觉得自己活得更加有意义？努力工作，会带给了自己更大的"财富"，有了"财富"，生活会觉得更充实、更美好。

第二篇

态度决定一切，用努力创造"加薪"机会

　　很多人都听过这么一句话：态度决定高度。身在职场，多数女性都不想碌碌无为，不想做弱者挣低薪，而是想有所成就，想做职场强者挣高薪。愿望往往都是美好的，想要实现，不付出肯定是不行的，首先你必须要有一颗积极向上的心，懂得努力，勇于担当。说白了，身在职场，态度将决定你的前途。

　　职场中，关乎每位女性生存的无非是两样，一是怎样做人，二是怎样做事。有句至理名言说得好，"低调做人高调做事"，所以，身在职场，即使自己有一技之长，也不能太过张扬，你的能力大小，别人都会看在眼里。做人应该谦虚、低调，这样做会在降低别人对你的期望值的情况下，取得别人信任，让别人认可你的为人。而如果要去做事，一定要学会高调，当然，这里的高调并不是用嘴说说的高调，而是体现在工作态度上，是积极的、努力的，是奋发向上的。这样的工作态度往往会增强一个人向

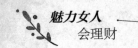

前奋进的动力，激发出高昂斗志，迸发出无限潜能，一次次攻关克难，一步步向自己的目标靠拢，最终成为真正的"强者"。

职场真正的"人才"，永远不会被埋没、被亏待，只要肯付出，迟早都会有出头之日，最终为自己创造出更多的"加薪"机会。

经营好资格证书，给自己的职场"加薪"

章柏燕在一家私企从事会计工作，每月的收入才3000元左右，而同一个办公室的另一名同事，因持有注册会计师资格证书，每月领到的工资差不多都是她的两倍，同样是会计，工资却差别这么大，她很不服气。所以，性格要强的她打起了自己的"小九九"，铆足了劲准备也拿个能为自己"加薪"的注册会计师资格证书。

于是，章柏燕便忙开了，又是买书，又是加班复习，甚至进学习班学习，通过一年多辛苦的付出，先前的考试都已经顺利通过，照此下去，再通过剩余科目的考试，她就可以拿到注册会计师资格证书了。功夫不负有心人，她真的就拿到了。注册会计师资格证书有了，又有丰富的会计从业经验，她很快，就被另一家私企聘用，待遇是交五险一金，工资每月8000元，在该私企做会计她比原来的同事都挣得多。

有了资格证，就可以拿"高薪"。当然这也是社会的需要，有了这一纸资格证，在未来的职场中，无论你在哪一个和自己证书相关的单位工作，都是"抢手货"。身在职场的女性就应该不断学习、投资自己，努力用更大的热情去"考证"，通过"考证"增加自身的"分量"。未来社会发展趋向更离不开有"资格"的人才，拿到更多有含金量的"本"，通向职场的成功之路会更加平坦。

当然，要想让投入更加具有含金量，在"考证"前，首先要考虑此证和自己所从事的职业是否吻合，究竟对提升自己的职场地位有没有帮助，像章柏燕那样，"考证"要对号入座。

第四篇

相信自己，坚定信念做职场"女强人"

身在职场，每位女性的工作能力都会有区别，但只要态度正确，信念坚定，就可以在职场游刃有余，做"强者"。要永远相信自己是最棒的，即使遇到挫折也不能气馁，要勇敢地站起来，勇于担当。有句话说得好，"失败是成功之母"，只要你不放弃，成功大门永远都会为你敞开。

方一曼是一家房企售楼部的普通职员，刚进入售楼部时，作为新员工，因对所售楼盘情况不熟悉和售楼知识的匮乏，无法提供令客户满意的服务，所以，在两个月内她都表现平平，看着同事们每月售楼的高提成，而自己那点可怜的连基本生活都无法维持的提成，她有些失落，有的同事还挖苦她就不是干这行的料。

本来她也是那种吃苦耐劳、能说会道的女孩，可到了售楼部做销售，很多时候却无从下手，不知怎么和客户沟通。要强的人永远不会认输，因此，边做楼盘销售，她边进行反思：是自己很多方面做得不好，最终导致了这样的结局，我要振作起来，不能让别人看笑话。于是，在别的销售小姐中午休息时，她不休息，把时间用到了解和熟悉楼盘上，并把每个楼盘的优点、长处、适合怎样的目标客户居住——罗列清楚，同时，她还买了楼盘销售相关技巧的书籍，用心去学习。在接下来的销售楼盘过程中，她还把同事中的最强者作为榜样，在销售中学习，在学习中销售。

经过一番努力，方一曼的销售成绩大大提高，第3个月的提成竟然比

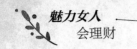

前2个月的提成加起来还多不少。但她不懈怠，继续努力、继续学习、继续进步，通过自己的勤奋，很快她的能力被激发了出来，加上她态度好，售楼时多方面为客户着想，得到顾客的信赖，甚至，通过售楼，她还与一些客户成了朋友。这些客户朋友在很短的时间内给她带来十几单售楼业务。她的售楼业绩不断提升，甚至接连两月的销售业绩都位居榜首，同事们不再说风凉话。在年底表彰大会上，她因优异的销售成绩被评为最佳销售功臣，并成为楼盘销售部备选经理之一。

事实告诉我们，失败不可怕，可怕的是失去信心，丢掉战斗力。身在职场不可能事事如意、一帆风顺，面对挫折，要看你摆出怎样的姿态，只要坚定信心，相信自己，没有过不去的坎。想做职场强者，就应有敢打敢拼、永不放弃的勇气。如果遇到挫折只是一味抱怨，而不去认真反思，那不论做什么，都不会成功。

第二部分

金融投资

| 第四章 |

储蓄投资，
在传统理财方式中"获利"

第一篇

了解储蓄"行规"，收益才能赚最多

不少女性到银行存款，即使是存定期储蓄存款，往往也都是拿着不固定的钱随便选一家就存起来了，或是认为活期储蓄灵活、方便支取，存钱就存活期。其实，这样潇洒一存，可能已经少赚了不少利息。到银行存款的"行规"，女性不一定全知道。

"行规"之一：不同银行，同期限储种利息不相同

现在，由于利率实行市场化，所以，各银行的储蓄存款利率可以在人民银行规定范围内上下浮动，这样就造成同等期限储种的利率，各家银行执行的不一样，有高的，也有低的，同样是1年期，有的银行是1.75%，有的银行则是1.95%。如果以10万元为例，1年就会相差200元利息。同样是存，都是正规银行，肯定选利率最高的才是最正确的。因此，女性存储蓄存款时一定要懂得率比多家，选到利率最高、利息最多的。

"行规"之二：同一储种，实行阶梯金额核定利率

不少女性到银行存定期储蓄存款，也许认为，同一储种同一期限，不

管金额多少，银行执行的都是一样的利率标准。那就错了，现在多数银行实行的都是阶梯金额核定利率，也就是说，存1万元、5万元、10万元，可能执行的利率是不一样的，金额越大，执行的利率越高。比如某银行，3年期的年利率，5万元以下执行2.75%，5万元（包括5万元）到10万元执行3.30%，10万元（包括10万元）到20万元执行3.52%，20万元（包括20万元）以上执行3.575%。因此，女性到银行存定期储蓄存款时，一定要问清楚阶梯金额利率如何核定，在存钱时最好以最大金额去存，以期达到更高档的年利率，享受到更高利率，得到更多收益。

"行规"之三：钱用不用，最好都以定期储蓄为主

到银行存储蓄存款，好多女性为了存取方便，即使金额较大，往往也会以活期储蓄存款的形式存入，这就可能会损失收益。如果是大额资金，最好选择定期储蓄短期存款，如3个月、6个月期限的。如果金额大于等于5万元，可以选择1天、7天通知存款，这些储种取起来也很方便，最多就是带个身份证或提前通知一下银行，而如果能存到确定期限，就会按定期储蓄存款利率计息，利率一般都在活期储蓄存款利率的5倍以上，如果存不到确定期限，最差也就是活期储蓄存款利率，女性也不会有任何损失。所以，不管钱用还是不用，能存定期储蓄存款的最好存定期，一样方便，但同等时间收益会大不一样。

综上所述，女性在做储蓄理财的时候一定要多方了解，选择最优方式。作为女性，平时消费的时候都会货比三家，那理财生钱的时候更要多多了解行情才是！

第二篇

紧跟节奏换思路，一样存钱赚不一样的收益

现如今，新的理财产品层出不穷，但很多掌管家里财政大权的女性，还是对银行储蓄存款情有独钟。笔者同时也发现一些问题，这些女性虽愿意选择储蓄存款，但掌握的技巧很少，知道的储蓄知识又不全面，这就导致她们跟不上节奏，同样是储蓄，无形中损失的利息却不少。女性储蓄理财需要不断变换思路，只有这样才会获得更多的利息收益。

变换思路一：定期随时存取代零存整取

每月发工资后一部分作零存整取一直是常卓英的最爱。因为零存整取优点不少：一则可以让她这个工薪族女性每月存入一定金额，到约定期限可一次性全部提取，利于资金积累；二则所有钱都存在一个存折上更便于保管，且零存整取利率比活期利率高很多，而比同期限定期储蓄存款利率又只略少一点。

如今，随着利率调整，同期定期储蓄存款与零存整取储蓄存款年利率差距时有扩大，更何况，零存整取储蓄存款不可部分提前支取，一旦提前支取，就会全部按活期储蓄存款利率计算，利息损失太大。而现在定期储蓄存款则能够部分提前支取，剩余部分仍按原定利率计算，恰好弥补了零存整取这一不足。特别是现在多数银行推出的定期储蓄存款一本通存折业务，更是可以陆续存入几十笔定期储蓄存款，能有效避免存单过多不宜保管的弊端。

所以，以后女性想以储蓄存款积累资金，应选择定期储蓄随时存取，代替零存整取。可办一个定期储蓄存款一本通存折，把钱随时以定期储蓄存款形式存入，如此一来，不仅可享更高利率，而且需要提前支取时，也可部分提前支取，不至于损失过多利息。就现金流动性而言，定期储蓄存

款较零存整取更合理。

变换思路二：定活两便存款不如通知存款

在以往，赵慧娟如果手上有大笔资金，比如5万元或10万元，准备在一年内使用，又不确定具体使用时间，而她还想让这些钱得到较活期储蓄多的利息，一般会选定活两便储蓄存款，这种存款方式的优点在于，只要能存够3个月、半年或一年（存期超过一年按一年），都会按同期定期储蓄存款利率打6折计息。这样只要够过3个月时间，就不会按活期储蓄存款利率计息了，一旦超过3个月，利率就会更高，利息也会更多。这个储种让有大笔钱而不能确定使用时间的她得到了利息上的实惠。

现在，如果再有不能确定使用时间的大笔钱仍存定活两便储蓄存款可能就不很合算了，因为银行又推出了"1天、7天通知存款"储种，优于定活两便储蓄存款，该存款存入时不需约定存期，支取时只需提前通知银行约定支取日期和金额就可以了，个人起存点和最低留存额均为5万元，一次存入可分次支取，利随本清，存取灵活、利率又较高。特别是"7天通知存款"储种利率更接近3个月定期储蓄存款。

所以，现在如有5万元或超过5万元资金不能确定使用时间，但会在一年以内使用，通知存款优于定活两便储蓄存款。

变换思路三：见单提前支取变换算账支取

如果是生活中遇到急事，以过去的做法，霍思艺为了不落人情债，都是拿着自己还未到期的定期储蓄存单赶到银行，马上把钱取出来，即使是快要到期的。虽然说急事是救了，可看着严重损失的利息，她心痛不已。

定期储蓄存款不能见单就提，应合理算账，用其他"业务品种"灵活变通。现在多数银行都开办有定期储蓄存单小额质押贷款业务，在定期储蓄存款提前支取时就需多想想，看究竟提前支取合算，还是质押贷款合算，算好账才能把损失降到最低点。那临界点如何找呢？公式例举如下。

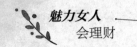
先把提前支取定期储蓄存单时利息损失与小额质押贷款利息支出相等时的天数，即临界点定为E，假设有张5万元1年期存单，年利率为$a\%$，现行活期储蓄存款年利率为$b\%$，小额质押贷款年利率为$c\%$（下面$a\%\div360$，$b\%\div360$，$c\%\div360$后，算出的则为日利率）。

如定期储蓄存单提前支取，则利息损失为：

A=50 000元$\times$（$a\%\div360$）$\times$360天$-$50 000元$\times$（$b\%\div360$）$\times E$天

从现在贷小额质押贷款到定期储蓄存单到期所支付贷款利息为：

B=50 000元$\times$（$360-E$）$\times$（$c\%\div360$）

以上$a\%$、$b\%$、$c\%$均为已知数

令A=B得出E

在E天，提前支取或贷款均可，过了这个天数则贷款，否则提前支取。

第三篇

大额存单来袭，"有钱女性"懂得多才会赚得多

各大银行大额存单推出的利好消息，无疑为那些暂时不用钱的"有钱女性"开拓了一条赚取"高利"的理财通道。那试问，"有钱女性"准备好参加大额存单理财了吗？如没准备好，笔者现将一些相关知识做全新解读。

解读之一：购买，可选哪些渠道

邱小静听说银行要开售大额存单了，她正有一大笔钱暂时用不着，所以也想购买，但她想知道，除了直接到银行柜台购买外，是不是还能够通过别的渠道更方便地购买。

大额存单通过电子化形式发行，属无纸质存单，个人除可通过银行柜

台购买外，还可以通过网上银行、手机银行（掌上银行）等多种渠道购买。

解读之二：期限，有几种供选择

最近，邢依云原本存的一大笔定期储蓄存款到期了，她准备用这些钱购买大额存单，但这些钱在使用上有时间限制，所以，她很为难。她担心没有她要选择的期限，最终因期限不合理，无法享受大额存单"高收益"。

大额存单期限主要包括1个月、3个月、6个月、9个月、1年、18个月、2年、3年和5年共9个品种，在期限上有多种选择。当然，现在多数银行发行期限还不是很全。

解读之三："大额"，"额"需要有多大

房嘉欣现在手里有15万元暂时不用，听说现在银行大额存单卖得很火，她也想买，但担心这些钱不够起点，想购买却不达"条件"，最终放弃购买。

大额存单起点金额，最低有20万元的，也有起点金额30万元或更多的，但不同银行对购买时最小递增金额规定不一，有规定以1万元为单位递增的，有规定则以0.01元为单位递增。

解读之四：安全性，究竟有多高

甄香慧通过了解，对大额存单起点、收益等都了如指掌，也很看好优势，唯一让她担心的是，享受各种"福利"的同时，资金安全性是否也能得到保障。

大额存单属银行直接发行，与银行定期储蓄存款一样，具有很高的安全性。同时，根据《存款保险条例》，大额存单作为一般性存款，同样也纳入存款保险保障范围，所以，只要购买，在同一银行所存资金没超过50万元的保障范围，都会得到安全保障。

解读之五：收益，优于"传统"多少

程志琴属保守投资派，手上积蓄不下50万元，可苦于没有好的投资理财"项目"，一直都是在银行参加利率不是很高的传统定期储蓄存款。现在大额存单开售，这对她无疑是个好消息，可她还是想了解一下，大额存单收益究竟有多高。

大额存单利率水平实行市场化定价，正常情况下，利率都会高于同期定期储蓄存款利率，不少银行实行的利率为基准利率上浮40%。

解读之六：支取，是不是很灵活

宋爽儿手上的钱够大额存单起点，听说利率比传统定期储蓄存款利率高，她也想购买，但令她顾虑的是，如果真的购买了大额存单，万一急用钱怎么办，能否及时取出。

大额存单，多数银行允许部分和全部提前支取，提前支取时按靠档当日挂牌定期储蓄存款利率计息。比如，存够3个月的按3个月定期储蓄存款利率计息，存够6个月的按6个月定期储蓄存款利率计息，以此类推……（当然，也有些银行是从6个月开始靠档定期储蓄存款利率计息的，只有存够6个月才按定期储蓄存款利率计息，否则，按活期储蓄存款利率计息。）

第四篇

银行破产不是耸人听闻，学会变通，存款照样安全

我国《存款保险条例》正式出台，意味着如果把钱存入银行，合法权益也许不能得到完全保障，银行出现破产倒闭，储蓄存款也许就不会得到全部兑现。当然，这也是存款女性最关心和担心的"问题"。其实，这样的担心是多余的，因为多数事情都可以通过变通来解决，现笔者就提出三大变通建议供参考。

建议之一：提高认识，要有防风险意识

吴靖雯对于投资理财比较保守，她赚的钱大部分都存在银行。她认为钱存银行最保险，保本又保利。可这段时间她有些坐不住了，因为《存款保险条例》正式施行后，假如银行破产倒闭，存款人在限额内的储蓄存款会得到全额赔偿，限额外的则不能确定会赔偿多少。吴靖雯想，自己有不少钱在银行，有的银行还超过了限额，万一银行倒闭破产，自己超出限额的那些钱怎么办？可现在存的又基本都是定期储蓄存款，提前支取会损失利息，肯定不合适，哪有万全之策呢？她又想，银行倒闭破产不是那么简单的，说倒就倒，自己可以未雨绸缪，提高防风险意识，有空时多关注一下自己存款银行的动态，一旦发现有风吹草动，再动手提前支取也不迟。

针对《存款保险条例》施行后，银行破产倒闭，只对限额内储蓄存款全额赔偿的实际，建议存款女性不必惊慌，银行倒闭并没有那么容易，所以，重要的是在思想上重视起来，要有防风险意识，比较实际的方法就是像吴靖雯这样，多关注相关银行的消息、动态，通过自己的行动去控制储蓄存款风险。

建议之二：有实力、规模大的银行是首选

对王雅洁来讲，过去到银行参加储蓄存款，她不管银行大小，只要是正规的她就随便存。《存款保险条例》施行后，钱存哪家银行可就大不一样了。如果钱不多，在赔偿限额内，那问题不大，即使银行破产倒闭，存款也会得到全额赔偿，而如果钱多，超过赔偿范围的呢？拿不拿得回来就是未知数了，那自己以后存钱该存哪家呢？她觉得选规模大、有实力的银行肯定是正确的。

为最大限度地规避银行破产存款无法得到保证的情况，首选实力雄厚的大型股份制商业银行肯定是正确的。一般来说，这样的银行承担和化解风险的能力会相对较强，破产倒闭概率相对更小。建议女性参加储蓄存款时尽量选大型国有股份制商业银行，比如农业银行、工商银行、建设银

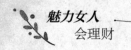

行、中国银行等。

建议之三：大额存款，分成多家银行存

柳艳莉有百万元积蓄，为了好管理，她以定期储蓄存款形式只存在一家银行里。《存款保险条例》施行后，银行破产倒闭，一个存款人只能最高得到50万元赔偿，如此一来，她只能保证拿回50万元，剩余部分能拿回多少就不确定了。怎样让自己的存款避免损失呢？柳艳莉决定，以后再参加储蓄存款另选别家银行，先前那家银行只保留50万元储蓄存款，超额的到期后陆续转存其他银行。

《存款保险条例》施行后，个人储蓄存款最大赔付额度是50万元。基于这一因素，建议将大额资金分开存入不同银行，每家银行不超过50万元。这样，即使有银行破产倒闭，自己存款的损失风险也能得到控制。

第五篇

定期存款巧打理，让女性躲开不必要的"破财"

费云敏是一个工薪族，由于懂得节俭，每年她都会攒一笔不小的钱。因为理财知识欠缺，且觉得存在银行最保险，所以，她总是去银行把钱存成定期储蓄存款。之后便不再过问，让存单"呼呼睡起大觉"。她觉得钱存银行了，自己也就安心了，只要不取出来，银行就会一直付利息，不需要自己打理。但是，她的这一想法和做法，在不知何时已造成利息"损失"。实际上，定期储蓄存款也需用心"打理"，否则，真会有不该损失的钱损失了。那么，该如何来打理呢？笔者介绍如下。

打理之一：避免少赚利息，期限选择要合理

到银行参加定期储蓄存款，最好合理选择期限，因为无论提前或逾期支取，都会按支取日挂牌活期储蓄存款利率计算利息，所以能存半年期、

一年期或三年期的，就存半年期、一年期或三年期，绝不选期限更长或更短的，否则，同样时间，利息就会相差很多。如何选择期限呢？最好以用钱实际日期进行计算来选择，这样才能保证收益最大化。

打理之二：避免到期成活期，"自动转存"要约定

到银行参加储蓄存款时，如果存定期储蓄存单，最好找能开办"自动转存"功能的。因为这一功能会省掉多跑路的麻烦，同时也可避免忘记到期日没能及时进行转存，进而变为活期储蓄存款的情况。能够约定"自动转存"，对存款人可谓实惠多、益处多。

打理之三：避免丢失无记录，相关内容要记载

存定期储蓄存款后，应把存单相关内容记录在案。如存单账号、存入日、到期日、存期、存款利率、金额、是否约转存、存入银行等。这样，万一丢失存单也有据可查，就能做到及时到银行挂失，避免被他人冒领。

| 第五章 |

银行理财产品，低风险的投入高"收益"的产出

第一篇

弄懂银行理财产品"关键词"，投资就会更从容

银行理财产品说明书的内容肯定会带有金融产品的专业性，所以，投资的女性未必都能看懂。这样就会造成投资时懵懵懂懂，哪款产品真正适合自己，女性一时无法选择。基于这些，笔者把一些"关键词"解读如下，供参考。

关键词一：投资方向

银行理财产品一般分为四大类，信托类、交易类、结构类、海外投资类。以结构性产品为例，它是指产品与信用汇率，甚至是商品价格进行挂钩，通过和信用汇率、产品价格相关联，最终达到保值，获得更高收益。

关键词二：风险等级

银行理财产品一般都会面临信用风险、流动风险、利率风险、政策风险、管理风险等多种风险，但因产品不同，风险就会有大小之分。根据风险大小定为低风险、中低风险、高风险。风险和回报往往成正比，风险

大，获益就会较高；风险小，获益也较低。

关键词三：保本保证收益

银行理财产品属于中低风险产品，除特殊情况，遇到不可抗拒因素外，银行都会向投资人支付本金和按预期收益率支付收益，即使因挂钩产品出现亏损风险，银行正常情况下也会承担相应赔偿责任。

关键词四：预期最高收益率

具有浮动收益率的银行理财产品预期所能获得的最高收益率，也就是挂钩产品表现达到最好时所能达到的收益率，否则就会低于这个最高收益率。

关键词五：年化收益率

就是把当前的收益率（日收益率、周收益率、月收益率等）通过换算，以年的收益率来进行计算，是一种理论收益率，并非真正已取得收益率。

王美颜用20万元购买了一款182天的银行理财产品，这款银行理财产品年化收益率为4.5%，她认为，自己所购买产品到期后银行会支付给自己4.5%的收益，即9000元。实际并非如此，她可获得的最终收益则是，4.5%的年收益换算到182天收益水平，应为20万元×（4.5%÷365）×182＝4487.67元。也就是产品到期后，可拿到4487.67元收益，而不是9000元收益。

关键词六：认购期

银行发行新的理财产品后，都会有一个募集期，这个募集期就是产品认购期限，对于认购期限，因产品不同，时间不同，3天、5天、8天、10天都会有。

关键词七：提前赎回

银行理财产品一般都会进行封闭，不允许赎回，要求持有到期。但个

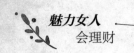
别发行产品则会在某个时期打开封闭，允许部分或全部赎回，这个赎回就是提前赎回，投资人都会损失收益，甚至损失本金。

关键词八：终止条款

这种条款是针对银行权利而言，说通俗些，就是投资者把产品期权卖给了银行，银行有提前终止产品的绝对权利。

关键词九：到期日、到账日

到期日，指所购买银行理财产品到期，银行停止运作日期。到账日，则是指所购买产品本金和收益返回投资人账上的日期。这是两个概念，正常来说，到账日都会晚于到期日。

手拿投资秘籍，获取银行理财产品高收益更轻松

最近，何一曼在某银行20万元定期储蓄存款到期后，她想用这些钱投资银行理财产品，以期能让自己在同样资金、同等时间里多获得一些收益。可她以前从未投资过，更不用说知道什么秘籍了。那投资银行理财产品的秘籍是什么呢？像何一曼一样的小白投资女性肯定都很想知道。现笔者介绍如下，供参考。

秘籍之一：选对产品最重要，预期收益不迷信

银行理财产品都会在产品说明书上标明预期收益，但这个预期收益并不是代表实际收益。所以，看到预期收益，投资者不能当成真收益，要知道，很多时候预期收益往往都是水中月镜中花，标的很高其实根本达不到，不能因迷信高预期收益而购买。看重的应是产品本身，如果挂钩的是

稳健的产品，风险小，而自己也不愿冒险，无疑产品是对路的。选产品只选对路的，而不是看预期收益，这是投资银行理财产品的基本原则。

秘籍之二：选择产品应理智，不太了解不出手

银行理财产品尽管以稳健投资见长，但它并非储蓄存款，而是属于一种新的投资。凡是投资，就会有风险，即使是固定收益型的，同样也会有风险，只是小些而已。所以，选择产品必须理智，如果自己对所投产品还不是非常了解，一般不要轻易出手，否则一旦买错，后悔莫及。

秘籍之三：货比多家全面衡量，择优选择买最佳

银行理财产品家家银行都发行，同质化较严重，但不同的银行在产品期限、风险、收益率等设计上各有特点，所以造成产品可能适合你，但并不一定适合她。因此，选产品必须货比多家进行全面衡量，选择最适合、最满意的。

第三篇

牢记银行理财产品窍门，科学投资收益多

银行理财产品的品种五花八门，不仅有债券型、信托型的，还有新股申购型、QDII型的。它们的预期收益、投资风险又各有不同，所以，不少女性想投资但有些无从下手，那如何买才算更科学、合理，收益会赚得更多呢？窍门有三，供参考。

窍门之一：看好起息日，起息越早越好

就银行理财产品而言，不同产品起息日会不同，有3天、5天，有10天、20天，而对于起息日，越短则对投资越好，这点一定要注意。因为，

购买产品后资金就会被冻结，如果不起息，就只能享受最低活期储蓄存款利率。起息时间较长，则按活期储蓄存款利率计息时间就长，会损失收益。

窍门之二：期限有长短，投资考虑实际

银行理财产品期限有长有短，短的30天、60天，长的360天，甚至720天，一般期限越长收益越高。但有一特点，一旦购买，资金就会被封闭，即使再着急想用钱也无法取回。所以，女性投资银行理财产品，不能只看收益高的，而应看自己什么时候用款，按照实际情况去投资。如此一来，不仅满足用资金时的流动性，而且能达到收益更大化。

窍门之三：根据承受力，选保本、非保本

银行理财产品以收益分类，有保本型和非保本型两种类型。保本型风险小但收益也低，而非保本型风险大，但投资成功的话收益也高，当然，投资失利，则可能本金也收不回来。所以任何女性想购买，必须看自己的心理承受能力，承受能力低买保本型，承受能力高买非保本型。

第四篇

绝招出手，锁定"短保型"产品高收益

李璇雅手上有20万元现金，如果存银行储蓄存款收益太低，投资基金、股票她又觉得风险太大，如果选择购买理财型保险产品，期限长且资金流动性不强，怎么办？在一筹莫展时，她看到短期保本型银行理财产品基本符合自己要求，所以，决定购买这类产品。但问题又来了，自己知识欠缺，如果买这类产品，如何才能获取更高收益，有绝招吗？笔者肯定地

说，有！像李璇雅这样的小白不用愁。现在就来告诉你，如何锁定高收益。

绝招之一：学会"产品"比多家，选到更高收益率

同样都是"短保型"银行理财产品，每家银行预期收益率是不一样的。而这个预期收益率，作为保证收益型产品，一般银行都是按这个收益率兑现，所以，买"短保型"产品，想要获取更高收益，多跑几家银行，多比较"产品"很重要，只有比较才能选出收益率最佳的。如果金额较大，同样是购买"短保型"产品，收益率高和低，到期收益会相差较大。

绝招之二：银行费率不相同，费率最低为最佳

每家银行执行的费率是不同的，因此，在购买"短保型"理财产品时，女性朋友们一定要弄清楚费率。当然，谁都会明白，费率低，也就是扣除的钱少，到期剩余收益就会高，反之，收益则会低。所以，买"短保型"产品，选择费率最低为佳。

绝招之三：选择最短起息日，便于再买获利多

对于购买"短保型"银行理财产品，一些女性认为，当天购买次日会起息（收益）。这是错误的。最早的会是次日起息，但长的会有5天、10天，甚至更长，这点一定要有正确认识。当然，女性朋友也要知道，起息日短才是最佳的。一则，起息日早，开始赚高收益的时间就早；二则，早到期，便于再次购买，因断档时间短，同等时间就会多获利。

绝招之四：按实际需求购买，选适合产品期限

因银行理财产品流动性差，"短保型"也不例外，所以，在购买产品时，选择期限很重要，必须按实际需求购买合适期限的产品，才能取得最佳收益，且不会因投资款没能到账误事。如果说50天用款，只能选30天到50天的产品，绝不能看到60天或90天的收益高，就选60天或90天的，这是

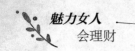

错误的。如果说只有30天期限的，而没有接近50天期限的产品，则可以进行变通，照样也能多获取一些收益。可以先选30天期限的，到期后，选择7天通知存款、货币基金等赎回相对灵活、收益高一些的产品进行补充，这样获得的收益也会让女性投资人相对满意。

第五篇

享受银行理财产品高收益，要学会思维转弯

投资银行理财产品因其固有的优势，近几年受到很多有钱女性的青睐。但如果不是很了解这个产品，可能就会走进误区，虽然买了产品，却获取不到高收益，反而是较低收益，甚至出现亏本。要想享受产品高收益，女性投资人就应懂得更多知识，学会思维转弯。下面是常见误区，女性投资人一定要注意。

误区之一：理财产品当定储，急用钱时可以取

闫雪茵手头有10万元钱暂时不用，为能获取收益，资金又安全，她决定先到银行存成定期储蓄存款，急用时再提前支取出来，不会误事。可她到银行后，看到该银行正销售一款保本型理财产品，其预期年收益率比定期储蓄存款年利率要高很多，她便动心了，直接购买了该产品。她认为，银行理财产品和银行定期储蓄存款差不多，都是银行的产品，急用钱一样可以提前取出来。可没想到产品还没到期，家里就遇到了大事——母亲患了大病，急需一大笔钱医治，家里人东拼西还差3万元。这时，她想到了买的产品，就到银行去支取，可工作人员告诉她，取不出来，只有到期才能取，现在还在封闭当中。

理财产品和定期储蓄是完全不同的两种产品。就拿提前支取来说，银行理财产品一旦购买就会进行封闭，一般情况下，合同中没有特别约定可提前赎回支取，是不能提前赎回支取的，必须要等到期。而定期储蓄存款则是"取款自愿"，随时都可提前支取。因此，购买银行理财产品不要想当然，一定要认清它不同于定期储蓄存款。

误区之二：预期收益当实际，到期一定会兑现

最近，吴嘉熙很郁闷，为什么呢？因为去年她看到某银行销售的一款挂钩海外市场保本浮动收益型理财产品，产品说明书上写着年预期收益率为6.0%，她认为这就是实际收益，如果与5年期定期储蓄存款年利率相比，收益则更胜一筹。所以，她毫不犹豫拿出15万元购买了该产品。没想到，到期后根本没达到说明书上所写的年预期收益率，甚至还没有达到6个月定期储蓄存款年利率。后来经过了解得知，预期收益率只是预想可能达到的收益率。吴嘉熙说：当初知道是这样肯定不会去买，害得自己空欢喜一场。

很多女性认为，银行理财产品预期收益率就是最终收益率，这是错误的。预期收益率不等于是最终收益率。一般来说，保证收益型理财产品的最终收益也许会达到预期收益，而保本浮动型和非保本浮动收益型产品不一定能达到。

误区之三：口头宣传是实诺，到期收益确定

两年前，郝静美拿着20万元到某银行存定期储蓄存款时，一位银行工作人员给她介绍了一款2年期银行理财产品，并对她说，这款产品收益率绝对能达到9.0%以上，买它比存定期储蓄存款收益要多多了。于是她满心欢喜地买了下来，想着有银行工作人员口头保证，就等着赚高收益吧。今年到期后，她却只拿到5.0%的年收益率，郝静美觉得自己被骗了，找到银

行要讨个说法。没想到，银行相关负责人回复她，银行按协议办事，协议中并没有这条，银行没过错。后来，她似乎有所醒悟，银行工作人员当时是为了推销该产品，故意混淆年收益率和2年累计收益率的概念，拿2年累计收益率9.0%的高收益率说事，却没明确告诉她，协议中没有说明会给予购买人9.0%年收益率，最终她只好作罢。

某些银行工作人员销售银行理财产品时，只会挑选好的说，比如收益高、流动性强。于是，一些女性听后便会动心购买，认为口头说的就等于做了实际承诺。其实，口头宣传不能代表实际承诺，也不代表合同约定，白纸黑字才属真承诺。购买产品，最重要的是仔细研读产品说明书，认真分析产品，这样才能买到称心如意的高收益产品。

| 第六章 |

国债投资，稳妥当头实实在在当个"女债主"

第一篇

国债品种比比看，选最适合的赚钱

女性想要投资国债，就很有必要去了解各种国债，只有知己知彼才能真正选到适合自己的菜。现在发行的国债主要有三种，因为是不同的国债，所以，优点、缺点各不相同。

第一种：凭证式国债

凭证式国债是政府采用不印制券面金额，采取填制"中华人民共和国凭证式国债收款凭证"方式，通过商业银行柜台面向城乡居民和各类投资人发行的一种纸质国债。

具有较高安全性，同期收益正常都高于定期储蓄存款。属于记名式国债，能提前随时兑取，提前兑取支付本金1‰手续费。如果到期不兑取，则超期部分没有利息。没有持满半年提前兑取没有利息。不允许上市交易，流动性差一些，如果想买需要等到发行期。

起点金额100元，大于100元必须是100元的整数倍。期限分为1年期、

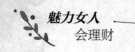

2年期、3年期和5年期4种。

适合各类稳健的投资人，特别是老年女性。

第二种：电子式储蓄国债

电子式储蓄国债是政府以电子方式记录债权发行的，品种丰富、安全性高、不可流通，在规定的付息、兑付日自动将购买者利息和本金转入其资金账户的一种人民币债券。

不同于凭证式国债，不需用纸质方式记录债券。在整个存续期内，面值稳定并随时间增加而自然获取利息，没有价格涨跌波动风险。兑取本金和利息时不需购买人办理，会自动回到原购买资金账户卡中。同期限到期收益一般也高于银行定期储蓄存款，定时定量发行，不是随时都可买到。只有在发行期规定时间上午8：30到下午4：30之间限量购买。没持满半年提前兑取，不计利息，规定在每年派息前几天不可办理提前兑取业务。如允许提前兑取时，时间上也有一定限定，上午10：00到下午3：30之间，兑取以100元为单位。但值得一提的是，利息给予提前兑付，每年1次，自动回到购买人资金账户卡中。

起点金额100元，大于100元必须是100元的整数倍数。现在发行的期限主要为3年期和5年期两种。

适合持有闲置资金，且追求低风险、稳定收益，缺乏专业知识的女性。

第三种：记账式国债

记账式国债又名无纸化国债，是政府通过无纸化方式发行的、以电脑记账方式记录债权、没有实物形态的票券，投资人持有的国债登记于证券账户中，投资人仅取得收据或对账单以证实其所有权，是可以上市交易的一种国债。

投资记账式国债在开立国债投资专户后可购买，不需去银行。流动性

强，在交易日可进行自由买卖，不用担心提前兑取等问题，如在到期前提前卖出，收益不能提前预知，因为二级市场交易价格是由市场决定的，在提前卖出时，价格（净价）有可能高于发行面值，也可能低于发行面值。假如高于买入时价格，则会获得了持有期间国债利息和价差的收益，否则，只可获得持有期间的国债利息，但也要付出价差损失。对于记账式国债付息方式，往往采取半年付或1年付，投资人会提前拿到利息。操作上比较灵活，可在价格强势时赚取价差，也可持有到期，赚取利息。

起点金额为1张100元，大于1张100元必须是100元的整数倍递增。上市后，其价格上下浮动，可能高于100元/张，也可能低于100元/张，发行期限从1年到20年不等，目前已经发行30多种。

记账式国债期限偏长，适合有闲钱、投资稳健的女性，当然也适合敢于适当冒险、喜欢买卖赚价差的女性。

凭证式国债投资，秘诀在手赚息不愁

欧阳娜刚花10万元购买了本年度一期3年期凭证式国债，没想到，不到两个月时间，下一期凭证式国债一发行，同样期限，利率却比她先前买的高。这下她傻眼了。是不是该到银行把先前购买的提前兑取，然后重新转购新发行的，可她又考虑了考虑，如果这样贸然转购是不是合算呢？因为凭证式国债提前兑取，持有不到半年不仅没利息，还要收取1‰手续费。她有些困惑了，该怎么办呢？

凭证式国债具有收益高于同期定期储蓄存款且稳定的优点，一直深受

女性青睐。很多时候，一上市很快便被抢购一空。但笔者发现，很多女性并非完全掌握凭证式国债的投资秘诀，最终可能造成损失。

秘诀之一：考虑长期不用资金，短期资金不动用

女性投资人在出手之前必须考虑清楚，所用资金是否为短期性质。如在半年内会使用，即使看到到期收益率高于同期银行定期储蓄存款也不能心动，凭证式国债只适合长期不用的资金购买，否则，最终可能不仅得不到任何收益，反而还会白白交纳1‰手续费。

秘诀之二：充分应对利率风险，三种期限巧组合

要应对同期限凭证式国债收益率后期发行可能高于前期，即利率风险，女性最好把资金分成三等份，分组投资。例如，张美韵准备用15万元购买凭证式国债，她可以用5万元购买1年期产品，5万元购买3年期产品，5万元购买5年期产品。这样做的好处在于，可以把利率上升风险分散。如果资金短期内不用，可以适当调整资金比例，3年期的比例不妨高一些，3年期凭证式国债相对来说利率较高，而且期限较为合理。

秘诀之三：利率提高莫急转购，需算好提前取账

遇到利率提高，想要提前兑取原购凭证式国债进行转购，女性投资人必须慎重对待。要知道，持有时间越长，提前兑取损失就会越大，也就是说，如果进行提前兑取转购，可能不会很划算，甚至会出现亏本情况。

如何判断继续持有或提前兑取后进行转购哪个更划算？这里举个例子。

宋洁琳持有凭证式国债本金为10万元、期限3年、提前支取手续费1‰，假定原凭证式国债利率为$a\%$，提前支取已持期限所对应年利率为$b\%$，所转购新凭证式国债利率为$c\%$，凭证式国债提前兑取后再转购新凭证式国债不亏不赚临界天数为E。以上提供数据都为已知数，只有E为未

知数。计算公式见下。

$$10万元 \times a\% \times 3年 = 10万元 \times b\% \div 360天 \times E + 10万元 \times c\% \div 360天 \times$$

$$（360天 \times 3年 - E）- 10万元 \times 1‰$$

如果算出天数E等于宋洁琳持有凭证式国债天数，则不需转购，即使转购也是白忙活，因为收益一样；如果持有凭证式国债天数小于算出天数E，则转购更划算；反之，还是持有为好。

第三篇

投资国债，别让误区挡了赚钱道

一说到国债，想到的是稳健、收益相对较高，并且很多时候只有"抢"才能买到，但女性是否知晓抢购国债时的一些误区。为了不让误区挡了女性赚钱之路。笔者把常见误区列举如下，供参考。

误区之一：只要买到手，收益肯定比定期储蓄高

对于这点，是一些女性的想当然。在满足一定条件时，国债收益确实会比同期定期储蓄存款高。但女性要知道，如果国债没有持有半年是不计息的，并且还会收取一定费用，而定期储蓄存款则不同，无论什么时候提前支取，都会以当日挂牌活期储蓄存款利率计息，并且不收取任何费用。这一点说明，不是只要买国债，收益就一定比定期储蓄存款高。所以，买国债想要获取高收益，最好不要提前兑取。

误区之二：柜台上购买，要比网上银行购买安全

如果买的是电子式储蓄国债，无论是柜台上购买，还是通过网上银行购买，安全性都是一样的，只不过是销售渠道不同而已，这是一些女性认

识上的偏差。在实际操作中，网上购买优于柜台购买，因是自己操作，更容易抢买到电子式储蓄国债，而柜台则需要排队购买，并且是银行工作人员操作，速度上会慢一些，当轮到你时被抢购完的可能性都有。

误区之三：到期不用急，最差就赚活期储蓄利息

一些女性在购买的凭证式国债到期后，并不着急去兑取，她们认为无所谓，最差就是赚个活期储蓄存款利息。其实，这种认识是错误的。相关规定明确指出，凭证式国债到期后，不再支付任何利息。所以，笔者提醒，如果想要投资凭证式国债，还是应先了解相关规定再说，避免损失不该损失的"钱"。

第四篇

记账式国债投资，策略先行赚钱更稳妥

祁玲月看到不少人通过购买记账式国债赚钱，她也有些按耐不住，因为自己手上的10万元最近三五年肯定不会用到。当然她还明白一个道理，就是买记账式国债，只要有策略，无论如何，最终得到的收益都会比银行定期储蓄存款多。可策略是什么？她又不知道。现在笔者就来告诉大家。

策略之一：把握波动频率，赚取价差

记账式国债价格会出现上下波动，如发行时已购买，并想在波动中赚钱，不妨在自己看到价格上涨时及时卖出，以赚取价差，而当价格下跌后再买入，来来回回，如操作得当，赚取的价差甚至会超过本身利息。这种风险会小于炒股票。

策略之二：不在发行期买，价低再买

买记账式国债并非只能在发行期内购买，所以，为降低投资成本，女性投资人可在记账式国债上市后，价格大跌时再购买，效果是一样的，因为利息是固定的，但这样女性投资人会省一部分投资款。

策略之三：利息提前给付，利息再投

记账式国债期限较长，利息一般为半年一付或一年一付。为增加投资收益，女性投资人不要小看这些利息，应利用起来做再投资。如果购买记账式国债的金额较大，每回的返回利息也不少。比如20万元，年利率为5%，一年一返，利息也有足足1万元，这1万元买货币基金，存入余额宝、微信理财，按7日年化收益率3%计算，也会有300元左右收益。

策略之四：以不变应万变，到期支取

如果女性投资人有资金长期不用，也不愿通过卖出买入赚价差，始终持有即可。这样在到期后可得到稳妥、稳定的利息收入，当然，这也是一种最简单的操作方法。

第五篇

活用三大"技法"，投资记账式国债稳赚不亏

女性想通过投资记账式国债赚到更多收益，无疑需利用价位差买卖操作才能获得，但如何操作更加稳妥，真正懂得的女性投资人并不见有几个。其实，女性投资人也不用担心，笔者将三种稳赚不亏的实用投资赚钱"技法"介绍如下，以供参考。

"技法"之一：正三角形倍投法

吕小薇选择了某5年期记账式国债为自己的投资对象，以每张110元价格第一次买入该记账式国债100张，成本11000元，接着每张价格下跌到106元，于是她又买入200张，成本21200元，然后每张价格又下跌至104元，她又买入300张，成本31200元，之后每张价格又下跌至102元，她买入400张，成本40800元，4次下来，吕小薇一共买入1000张，成本104200元，每张买入成本平摊后为104.2元，当价格再次回升到每张110元后，她做了全部抛售，那么吕小薇利用这种正三角形倍投法共获利5800元。

这是一种金字塔式价格进入下降渠道后逐次倍数买进，平摊成本，价格回升后，一次抛售的获利投资方式。这种方式能有效降低购入总记账式国债数平均成本，获利把握大。

"技法"之二：等额定投摊本法

周靖茹选择了某10年期记账式国债为自己的投资对象，按月在每月1日买入100张，在某个时间，她开始第1次买入，买入价格为每张106元，随后又连续买入5次，每次买入100张，买进时每张价格分别为113元、115元、117元、114元、123元，当6次买入后，周靖茹一共买入600张，成本68800元，平摊后，每张买入成本为114.67元，在价格升到120元时，她决定全部卖出，一算账，用这种等额定投摊本法，周靖茹共获利3200元。

这是一种在无法预测记账式国债波动转折点时以相同额度定时买入平摊成本，严格控制总投资金额，在价格得到一定回升后抛出获利的投资方式。这种方式和基金定投类似，在一定时期段内，投资记账式国债获利很受推崇。

"技法"之三：计划等级买卖法

上官婉儿选择了某20年期记账式国债为自己的投资对象，她确定每个

等级的记账式国债价格变动幅度为3元，确定每次买入为100张。在某个时间，她开始第一次买入，买入时价格为每张115元，所以，确定的下降买入等级则成为112元、109元、106元、103元……和上升卖出等级则成为118元、121元、124元、127元……，当价格下降到112元时她按计划又买入100张，当价格再次下降到109元时她又按计划买入100张，而当价格上升到118元时，她则按计划卖出了100张，当再次价格上升到121元时，她则按计划又卖出了100张。经过她这3买入2卖出，最后，上官婉儿手上还是继续和最初买入时一样，为100张。但她投入的成本明显已经降低，不再是11500元，而是9700元，说白了，也就是上官婉儿用这种计划等级买卖法在买入卖出过程中，已赚到1800元差价收益。

这是一种有计划，按照固定计算方法和公式计算等级，在确定好的低价时买入和高价时卖出，赚取利差的投资方式。这种确定买入和卖出的价位可以是1个常数或是百分比，达到一个等级时确定买入和卖出，最终达到获利。

| 第七章 |

基金投资，
多学技巧多获利

第一篇

纠正意识偏差，不在投资基金时失利

选择投资基金（这类基金指的是偏股票型波动较大的基金）能够赚到钱当然是好事，可现实中，不少女性却因意识上的偏差，很容易犯"傻"，最终不仅没赚到钱，反而亏损了。那究竟有哪些意识偏差呢？笔者总结如下，供参考。

意识偏差之一：不买"贵"的只挑"便宜"的

杨卓灵在购买基金时，只喜欢挑"便宜"的，也就是净值低的，对于"贵"的，也就是净值高的，却不闻不问。按她的理由就是购买"便宜"的盈利空间大。杨卓灵的认识对吗？

就杨卓灵的投资基金认识来讲，有失偏颇。投资基金没有"便宜"和"贵"的区分，只不过是其净值所在的点位不同。投资基金能不能赚到钱，主要因素取决于基金公司投资实力和基金经理投资能力等。如果说净值高，那更说明这家公司有更强的赚钱能力。

意识偏差之二：永远只想买涨势好的

牛丽丽想通过投资基金赚大钱，所以，今天看到这只基金涨势好，就赶快买这只，而明天又看到那只基金涨势好又想换那只。究其做法，牛丽丽是希望换买到上涨最好的基金。牛丽丽投资基金的这种做法对吗？

从投资角度出发，牛丽丽这种做法实际上是错的。基金赚钱能力究竟强不强，单看短时间内的良好表现肯定是不够的，要看就看长期。谁都希望买到的基金是最好的，但那是不现实的，如果女性投资人执意要这样换来换去，最终结果可能是不仅赚不到大钱，还要搭上不少手续费。

意识偏差之三：下跌就心慌，赶快赎回

霍琼芳是一个新基民，看到别人买基金，自己也跟着买，每当她购买的基金上涨时，她会特别高兴，可一旦看到下跌，就不免慌了神，想赶快把购买的基金全部赎回，生怕把老本也搭进去。就霍琼芳这种心态，买基金真的能赚到钱吗？

如果是这种投资心态，还是不投为好，免得一旦赔钱无法承受。想靠投资基金赚钱，必须要有良好的心态，这样，关键时才能做出正确选择。投资股票型基金，净值上涨或下跌是正常的。对于投资基金后是否赎回，应根据大势来判断，如行情向下，就应选择赎回，如果行情向好，则可考虑继续持有。

意识偏差之四：买过一定不会再去选

宋叶静在购买基金后，一旦赎回，她就再也不愿意买入。即使是后期涨势非常好也是如此，她的理由是"好马不吃回头草"，宋叶静这种不再买入的理由正确吗？

这种理由很荒唐。投资基金的目的就是赚钱，即使赎回后涨势非常好，也不愿再去选择，这是跟钱过不去。笔者认为，做基金投资一定不可带情绪，那会制约女性投资人更好地去投资。投资基金时，参考的是这只基金的赚钱能力，而不是买没买过。如果曾购买过的基金被迫赎回后，后期表现出色能赚钱，却有意不选，是严重错误的行为。

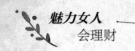
意识偏差之五：押上全部家当想暴富

赵雅靖看到别人买基金赚钱了，自己也想在基金投资上大赚一把，所以，便把自己大部分钱都购买了基金，还美其名曰："没有胆量就没有产量。"赵雅靖的这种投资理念对吗？

投资基金，虽没有股票风险大，但也不像参加银行储蓄、办理储蓄国债那样风险低，还保本、保息。如果行情不好，投资失利，资产就会出现严重缩水。看看各大基金排行榜，严重亏损的基金比比皆是，如果女性投资人把全部家当押在基金上，一旦严重亏损，那无疑是毁灭性打击。因此，投资基金还是慎重为好。就赵雅靖如此冲动的行为，很明显犯了一个投资大忌——风险不分散。

第二篇

选股票型基金三问当头，挑出最赚钱那款

对于那些想通过投资股票型基金获利的女性来讲，最重要的无疑是在众多基金中找到真正适合自己的那款，但如何才能找到，也确实不是件容易事。面对这一现实，笔者教给女性投资人一个简单的办法试试看，即提出三问。

一问：盈利能力是否仍具持续性

投资股票型基金是一种长期投资，但如果想要尽快获取收益，老基金是首选，没有封闭期，净值一直在发生变化。如何挑选？关键一点是看过往盈利能力是否强，这些在相关基金网站都可查到。同时要查看是否还在持续盈利，如果持续，选这款老基金后期盈利不会差。

二问：收益与风险是否配比合理

股票型基金是一种风险性投资。基金净值增长率只是表明股票型基金

的增长情况，想要全面评价是否值得投资，女性还要考虑风险大小。那如何去判断呢？最简单的办法就是看基金评级机构定时公布的业绩排行榜，如晨星公司每周提供的基金业绩排行榜，会对国内各家基金公司的管理产品逐一进行业绩计算和风险评估。通过这些数据，很明显就可看出股票型基金的风险大小，以及收益率如何。通过比较，选择适合自己又能赚钱的股票型基金就容易很多了。

三问：同公司其他基金业绩如何

基金公司所有股票型基金中，有的多数都表现上佳，有的则只是很少的一两只表现不俗，这让女性投资人选择起来有些困难。其实并不难，很明显，基金公司多数基金表现上佳要更胜一筹，这能说明该基金公司整体投资团队配合默契，也和谐。如选了这样的基金公司的股票型基金，长期投资会更显优势，当然其盈利能力也让女性投资人更具信心。

第三篇

手执四大法宝，巧妙锁定基金红利

不管做哪种投资，赚钱是最重要的，投资基金也不例外。但如果投资基金时不能很好地把握上涨后带来的利润，一旦回跌，赚取的利润就会归零，甚至出现负数，那如何才能锁定基金红利呢？笔者送给女性投资人四大法宝。

法宝之一：震荡下跌时红利再投不可取

当处于震荡下跌时，继续买入基金会亏损。所以，当女性投资人原购买的基金出现分红等情况时，选择红利再投肯定是错误选择，应选择现金分红，这样不仅减轻了持仓比重，降低了继续下跌的亏损风险，而且可以在行情回升后，有资金再投入。

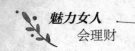
法宝之二：选保本型基金，杜绝投资大风险

保本型基金在达不到某些特定要求时，也会出现亏损，但亏损程度不会太大，而当符合要求时，女性投资人就会有"利"可赚。所以，不愿冒过大风险的女性投资人投资基金时，可以把保本型基金作为一种选择。

法宝之三：收益达目标后选择及时卖出

在投资基金时女性投资人应定好收益目标，并且坚决执行。当收益达到要求时可选择暂时卖出，让红利入袋为安。一旦发现净值又回落，并且行情向好，则再买入，一卖一买降低了投资成本，也能获取一定收益。

法宝之四：定期定额拉长战线锁取利润

定期定额投资基金的好处在于，能够拉长战线，即使波动再大，也可通过长期投资把高净值和低净值拉平，尽管投资市场风云变幻，让人很难猜透，但行情向好时，净值就会出现拉伸，当高于均摊净值时，女性投资人及时选择全部卖出，就可达到锁定基金投资利润的好效果。

第四篇

认准"黄金定律"，投资货币型基金"胜券在握"

邹阳琦购买的15万元国债到期后，这笔资金仍没有什么大用处，她还准备购买国债，可不在发行期无法买到。正好，她看到该银行代销的货币型基金正在热销，于是，她决定把这些钱投资在货币型基金上获利。可过了半年时间，她比了比，这只货币型基金所得收益还没有她在银行存半年定期储蓄存款的收益多。她纳闷了，不是说投资货币型基金的收益一般都会好于银行定期储蓄存款吗？这是怎么回事？是不是自己不会选货币型基金造成的呢？

投资货币型基金要想获取更多收益，其实是有"黄金定律"可参考

的，只是不少女性投资人不知道罢了。

"黄金定律"之一：不选新的选老的

在选择货币型基金进行投资时最好选择老的，一则，新的会进行封闭，而老的不会，在赎回的灵活性上老的会优于新的；二则，新的会有建仓期，一段时期内收益会很低，老的则已经完全建好仓，运作已步入正轨，自然收益就会比新的高。从这两点可看出，新货币型基金与老货币型基金相比，明显不占任何优势。所以，投资货币型基金时，女性投资人应多考虑老的，少考虑新的。

"黄金定律"之二：不选低的选高的

在投资货币型基金时，各只的年化收益率会不同，有高、有低。有的女性投资人会认为低收益率的上升空间大，而高的上升空间小。这样认为是不正确的，恰恰相反，收益率高代表这只货币型基金的盈利能力强。所以，女性投资人在投资货币型基金时，最好选年化收益率高的，这才是正确决定。哪只货币型基金年化收益率高，女性投资人可以在相关基金网站上查看。

"黄金定律"之三：不选长的选短的

投资货币型基金用于打理短期资金是不错的选择，相对来说，使用资金灵活，并且收益较高。对于长期不用的资金则不太适合，收益上往往低于那些长期型投资品种，比如国债、封闭式银行理财产品、有资金担保且保险公司承保本利兑付的正规理财平台P2P理财产品等。所以，女性投资人在投资货币型基金时，应以短期购买为主，如果是长期闲置资金，最好选择长期型投资品种，这样才会让女性投资人的投资收益更大化，锁定高收益。

第五篇

股基赎回讲究多，科学操作避损"利"

股票型基金投资风险一部分来自市场，比如震荡下跌净值缩水，但同时也不排除来自女性投资人自己，赎回时不懂科学操作，盲目为之，导致损财。为使女性投资人杜绝再次发生这种行为，笔者把股票型基金赎回时的讲究介绍如下，以供参考。

讲究之一：急用资金，不可着急赎回

急用资金，但手头没钱，此种情况下，不少持有股票型基金的女性会选择先赎回部分基金救急，其实这是不明智的。此时赎回，若不是最佳卖点，就会失去最佳卖点时赎回的最好收益。

因此，遇到此类情况，要提前赎回一些，以备急用；要么先借钱救急，然后短期内等待最佳卖点后赎回。急用资金，着急赎回是基金投资大忌，切记不要这样做。

讲究之二：定期定额，避免冲动赎回

很多女性投资人定期定额投资股票型基金，投了一段时间，遇到行情低迷净值缩水，就觉得越投会越亏钱。难免会一时冲动赎回已投份额，甚至会撤销此项投资。其实，这是不太正确的做法，定期定额投资的做法本来是为积累财富和可以跟随大盘享受投资收益的一种形式，要是行情不好就赎回或撤销投资，不仅无法享受到这种待遇，还会面临严重亏损。

女性投资人一旦选了定期定额投资股票型基金，就应有耐心，遇到震荡下跌不能完全失去信心。在冲动下，行情不好就赎回，受损的还是女性投资人自己，更重要的是当行情回暖，也会因不再持有基金而无法获取高额回报。

讲究之三：忌抢时机，拒绝随意赎回

股票购赎费用低，并且单只股票净值每日波动较大，如低位买入，高位卖出，除去一定费用后，女性投资人还会有所斩获。可股票型基金就不同了，反复购买和赎回的费用会很高，并且其波动性要低于股票不少，高卖低买的中间差价很小。

因此，股票型基金切忌为抢时机反复赎回与购买，这样操作可能会让自己得不偿失，甚至出现严重亏本。

讲究之四：震荡下跌，不可杀跌赎回

股票追高杀跌，对女性投资人来说可能是明智的。追高可能还会获利，杀跌可能换一只新的会带来曙光。可股票型基金就不一定了，其净值波动没有股票大，并且任何一只基金都是由多只股票按比例组成，组合中可能会有一只、两只或三只股票业绩不佳，但其他股票有上佳表现。再加上即使大盘震荡下跌，也保不了短期内会回暖，配置中的好股票会带动净值向上攀升。

因此，女性投资股票型基金切不可在操作上杀跌赎回，这可能会付出代价，应持续持有，静待行情回暖上涨，只有这样才是股票型基金投资的明智之选。

| 第八章 |

股票投资，
高风险高收益

第一篇

提高打新股中签率，不靠运气靠诀窍

打新股能获利不假，但想要有高的中签率却相对较难，不少女性打新股都是依靠运气，可又有多少女性投资人会有这么好的运气呢？其实，打新股靠运气是其一，靠诀窍更能提高中签率。笔者总结诀窍如下，供参考。

诀窍之一：不打先发股，专打后发股

有时新股会在短时间内相继发行，想申购，多数人肯定会选先期发行的。这就会造成不少人因没钱无法再申购后期发行的，如果女性投资人抓住这一机会，此时选择申购则可能提高中签率。

诀窍之二：火力全集中，就打大盘股

多只新股同时发行，如果女性投资人多面出击，可能会因资金分散降低中签率。所以，打新股切不可这样胡打，集中火力才是正道，特别是集中在那些大盘股上。因盘子够大，资金需求量够多，中签率肯定会更高。

诀窍之三：资金全出动打股做后盾

提高中签率，足够资金是有力后盾，所以，女性投资人若想达成更多申购新股愿望，必须集中全部火力。

诀窍之四：选好时间段把控好时间

从不少女性投资人以往打新股的经验来看，某些时段成功申购新股的概率确实更大，如上午10点30分到11点、下午1点30分到2点。想要成功申购新股，女性投资人可在这些时段去申购，说不准就真中签了。

第二篇

保持清醒头脑，科学炒股稳妥获利

炒股获利具有很强的投机性，有的女性会赚，有的女性则会赔，究其原因，与自己头脑清醒与否，炒股是否科学有很大关系。那究竟如何才算科学呢？笔者总结如下。

科学炒股之一：必须保持理智，远离赌博心态

寇雅妮炒股多年，每次买入时本应谨慎对待，但她却不这样，只要感觉良好，就会大买特买，完全是一种赌博心态。前段时间，她看股市行情较好，某个行业不错，也不考虑给自己留余地。在手上资金全买进后，这只股票连续几天下跌，想再投其他股票却没资金，而这只股票也被深套。为当时赌一把的做法，寇雅妮付出了沉重代价，她后悔不已。

事实证明，炒股需要多一份理智，少一份盲目，拒绝赌博心态，否则很容易在股海中翻船。

科学炒股之二：不完全依赖经验，结合知识分析

章淑雪多次购买绩优股赚了不少钱，所以，第2年时，她根据经验又毫不犹豫地买了绩优股，她认为肯定还能大赚一把。没想到热点转移了，绩优股成冷门，而绩差股却成了热门。章淑雪不仅没有通过购买绩优股赚

到钱，反而把先前炒绩优股赚的钱全都赔了进去，她叹息道："这都是经验惹的祸啊。"

在股海历练，很多女性投资人变得越来越"精"，不仅知识懂得更多，经验也总结了不少。有知识有经验，对炒股肯定大有益处，但大家同时也要有清醒的认识，经验不能当成宝，不要认为经验什么时候都灵验，应结合所学知识认真分析才是正确选择。

科学炒股之三：吸收精华去糟粕，传言、股评理性对待

乔秀梅喜欢看名嘴股评，爱打探利好传言，看到名嘴推荐股票，又有利好消息，有时候甚至会兴奋得睡不着觉，觉得自己买了那只股票就可以大赚一笔。结果，几次过后，乔秀梅就失去了信心。虽说有时名嘴推荐又有利好消息的股票确实上涨了，但并没有想象中那么大的涨幅，而且有几次反而严重下跌，出现股票深套。

不少炒股的女性喜欢看名嘴股评，打听利好传言，觉得名嘴股评分析到位，利好传言不会假，跟着买肯定会赚。如果真赚钱了，只能说运气好，炒股还是应多加分析，切不可偏听偏信，这是一种严重错误的做法，去伪存真，仔细甄别，才能在股海中畅游。

科学炒股之四：根据所学知识炒，不盲目跟从

方志琴没有学过多少炒股知识，看到一些姐妹炒股赚钱了，她便心里痒痒，也决定去股市捞一把，可买哪只股票好呢？对，姐妹们买哪只自己就买哪只，结果，几次下来自己没有赚钱不说，2只股票还被套牢。一算账，如果赔本卖出，最少会损失1万多元。

不少女性看到别人炒股赚了钱，便会按捺不住也想炒，可一没知识二没经验，该怎么办？别人买啥咱买啥，跟风去买肯定也能跟着赚——她们这种想法是错误的。股市的钱真那么好赚吗？非也。盲目跟风是炒股大忌，应多学知识才能认真分析、正确判断，否则，很可能会以被套牢收场。

第三篇

精选四类股，股海"掘金"志在必得

选到好股，才能在股票投资中赚到钱，但股票难选，哪些才算好股票呢？高手们总结这四类股是股票投资的首选。

第一类股：热门股

从字面上可理解为普遍关注的热点股票，但这存在片面性，真正的热门股是指一定时期内活跃度强、交易额大的股票。这种股票更容易交易，抛售变现能力强，如想短期获利，会有更多机会。

第二类股：业绩好、股息高的股

这类股稳定性强，即使股市出现暴跌、暴涨，它们所受影响也很微小。这种股票做长期投资赚钱再合适不过。

第三类股：高知名度公司的股

知名度较高的公司所发行的股票往往会有上佳表现，如果女性投资人选这类公司的股，很容易有不错的收益。

第四类股：稳定成长公司股

公司经营状况表现良好，经营业绩稳定上升，这类公司发行的股票业绩也会不错，可以说是一环套一环。投资这类公司发行的股，安全系数高，前景也一片大好。选这类公司股做长线同样是不错的选择，后期一定会为女性投资人带来丰厚利润。

第四篇

运用四大"铁律"，安心规避炒股风险

女性炒股赚钱，风险要比参加定期储蓄存款、购买国债大得多，一不小心，可能钱没赚到，还严重亏本。那有没有更好的方法尽可能解决这一难题，尽量避免亏损风险呢？有关专业人士总结了四大"铁律"，供参考。

"铁律"之一：正确认识止损重要性，及时设立止损点

很多女性炒股不设立止损点，究其原因：心太软，无法下手，结果可能导致恶性循环，越亏越多。其实，炒股就应心狠，必须设立止损点，是亏损10%时割肉，还是亏损20%割肉，该止损就止损。另外，行情再好也应懂得止盈，不能太贪，避免行情突变出现下跌，胜利果实被吞噬。炒股的基本素质中，敏捷思维不可缺少，更需有壮士断臂之勇气，止损绝不含糊。

"铁律"之二：不能总怕误赚钱机会，该收手时就收手

不少女性怕误了赚钱好机会，即使股市呈现明显波动下跌周期，还满仓持有。特别是看到飘红股票，总抱一丝希望，觉得这些股票会逆势走强，仍大量杀进，结果可想，不亏才怪。弱市中走强的股票微乎其微，即使走强也是短期，操作上很难把握。炒股赚钱的机会多得是，不能因怕耽误赚钱机会，而在行情不好时仍满仓。在看到有飘红股票时继续杀入，这是一种对自己不负责的表现。

"铁律"之三：别人建议只可做参考，认真分析是王道

女性在选股时，如果觉得自己分析能力也不差，就要有主见，不能因为别人一个建议就改变自己的选股方向，要对自己有信心。如果别人有好建议，当然也可作为参考，但主意必须自己拿，也只有这样才更容易选到好股。

铁律之四：不去借用消息做短线，见到利好就抛出

不少女性炒股，即使已涨停的股票，当看到发行该股票的公司年报优良或是有重组消息公布，仍抵挡不住诱惑，照样挂单杀进。她们希望以涨停价买进后，第2天开盘冲高后便抛出获利，可结果一般是被高位套牢。其实，这种火中取栗借用消息做短线的做法是很危险的，不可取。而应在见到利好时，就抛出手中股票。现在的市场还不完全规范，多数公司在业绩优良年报公布前，股价早大幅提升，公布后提升空间已很小，不抛出而再买进，无疑是自寻苦吃。

第五篇

掌握绝佳技巧，让炒股成为赚钱利器

炒股风险大，大家都知道。但如果女性投资人能够懂得其中奥妙，掌握绝佳技巧，照样能成为赚钱利器。现笔者总结四大绝佳技巧，供参考。

技巧之一：首选强势股，避开弱势股

选股选强势的才是正确的，涨势强，利差大，赚钱能力就强；反之，弱势股涨势弱，利差小，赚钱能力就强不到哪儿去。所以，想在股市赚钱，如选到弱势股，必须早做打算，尽快卖掉此弱势股换新强势股。

技巧之二：波段获利，波动大股为最佳

波动越大肯定机会越多，所以，波段获利应首选波动大股，远离波动平稳股。但有一点必须明白，获利机会越多，伴随的风险肯定也会相应越大，因此，女性投资人不能轻视风险，应考虑风险做好防范。

技巧之三：选有潜力低价股，静待行情

选股选有潜力低价股，对保守的女性投资人来说是一个不错的选择，毕竟这类股风险较小，而收益却还不错。只要能够静待行情到来，获得更

多收益的机会有的是。

技巧之四：看产业政策经济形势挑股

国家产业政策、经济形势就是股市晴雨表，如果女性投资人经过认真分析，选到国家支持的行业股票，也就等于选择了有市场前景、有投资潜力的股票。国家支持能源行业，就选与能源行业有关的股票；国家支持电子行业，就选与电子行业有关的股票。

第九章

纸黄金、白银投资，
财富险中求

第一篇

炒黄金是个技术活，做好功课赚钱才会更可靠

看着不少人炒黄金赚钱，爱冒险的李子薇也想跟着去炒。可作为一个新人，自己一无技术，二无经验，贸然入手，很容易亏得一塌糊涂。怎么办？其实炒黄金是有技巧的。

技巧之一：模拟积累经验是获利前提

炒黄金不可急于求成，要想有所收获，最开始的模拟投资学习很重要。一般贵金属投资公司都会提供模拟软件，并提供有10万元到20万元免费模拟资金账号，新人可随意投资，当然这不是真实交易，也无任何风险。但炒黄金的流程、盈亏数据都是真实的。经过一段时间的模拟，可积累到一定经验，这时再去炒黄金，赚钱胜算肯定就会变大。

技巧之二：理智做好技术分析再出手

炒黄金不可在下跌过程中陆续建仓，然后静待上升行情的到来，而应跟着趋势去炒，可买涨，也可买跌，技术分析一定要做好。如没经过分析便出手，可能这一笔投资中能赔6000元，而另一笔投资中即使赚3000元，

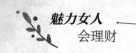

相抵还要赔3000元。这还算运气不错的。炒黄金就应理智、认真分析，否则就可能亏损严重。

技巧之三：行情没反转不去逆势操作

炒黄金过程中下降浪做空可获利，上升浪做多也可获利，而在这两种过程中会存在小波动。对于小波动，一些女性投资人也会出手，其实，这是炒黄金获利的大忌。如果行情不是大逆转，小波动赚钱很难，即使高手也不例外。所以，女性炒黄金应注重市场规律，不可盲目出手，如果没出现市场大回调，切不可因为小利执意去逆势操作，否则，最终就会有损失。

第二篇

炒黄金拒绝高风险，巧用"盈利"定律来护航

炒黄金风险大，所以，若要盈利并非是一件简单的事。但投资往往存在"盈利"定律，投资黄金当然也不会例外。那炒黄金的"盈利"定律是什么呢？笔者介绍如下。

"盈利"定律之一：市场判断没把握，暂缓入市

市场判断没有正确把握时，投资黄金是最危险的，如果贸然入市，女性投资人一般都会以赔钱而告终。即使赚钱也是纯属偶然，这样的机会不会太多。所以，如果处于这种情况，正确方法是暂缓入市。

"盈利"定律之二：见好就收，不能太过贪心

贪心是炒黄金大忌，见好就收是上策。女性投资人要明白即使选对走势，行情再好，也会有走完的时候，所以切不可见"利"昏心，不知满足。发现苗头不对，就应及时收手。

"盈利"定律之三：不可短线长做和长线短做

黄金长期交易和短线交易有着本质区别，长期交易做的是趋势，对一些短期价格波动，可忽略；短期交易做的主要是新闻和数据变化，对市场变化要非常敏感。因此，长线不可短做，短线也不可长做。

"盈利"定律之四：有主见不因犹豫错失良机

女性投资人如看好黄金后市，投资有很大把握，就应放手去搏。这样不会轻易错失盈利良机，当然卖出也应如此，干净利落，止损良机同样不能错过。

"盈利"定律之五：牢记失败教训，避重蹈覆辙

黄金投资失败的经验，是女性投资人用惨痛的代价换来的，应吸取教训，时刻提醒自己不可重犯。

郑秀瑾投资黄金时喜欢追涨，一见价格上涨就觉得行情来了，生怕错过良机，结果屡追涨屡被套；黄琴乐投资黄金则总是怕自己被套，一见行情下跌，就觉得黄金价格跌势来了，毫不犹豫地卖出，结果，刚卖出行情又出现上涨。

教训不少，女性投资人必须注意总结。

第三篇

定投黄金，不因错误认识让投资失利

黄金定投是一种零存整取式黄金投资方式，适于一些愿意做长期投资和希望在黄金投资上获利的女性。但很多时候往往并不能顺利获利，这是怎么回事？其中一条最重要的原因便是错误认识导致投资失利的惨剧发生。

基于这些，笔者把一些黄金定投业务的错误认识总结如下，以促进女性投资人尽快纠正。

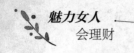

错误认识之一：上涨不快还不如投其他

不少参与黄金定投的女性在定投后又后悔，认为没别的投资好，原因是上涨速度慢，没基金、股票等其他投资上涨快。其实，这是一种错误认识，黄金定投的目的是促进赚钱或攒黄金，同时，还具保值、抵御风险的作用。女性投资人应懂得风险和收益是相辅相成的，收益小风险小，收益高风险大。所以，投资不能只看上涨快慢，而应同时考虑投资风险。

错误认识之二：一旦有一个月没投就算违约

不少女性投资人认为，黄金定投，就是每月都要投，否则就算违约，其实并非如此，中间是能隔月的，只要投够12个月次即可，1年、2年之内都可以。

错误认识之三：不关注账户，会出现银行多扣

黄金定投是银行自动扣取，不少女性投资人觉得，如自己不对账户进行关注，银行就会有金额多扣、错扣、漏扣等情形出现。其实，这些是女性投资人多心了。尽管确实是自动扣除，但银行系统会按协议规定来，不是想怎么扣就怎么扣。

错误认识之四：黄金全部赎回，协议自动终止

一些女性投资人认为黄金定投一旦全部赎回，就会自动被终止，之后再想参加，还需重签协议。这种认识是不完全正确的。协议是否终止取决于条款，即使全部赎回，条款中没提终止，该扣划的资金还会照样被银行扣划，除非女性投资人主动销户或去银行主动要求终止协议。

第四篇

控制风险当重头，轻松炒银赢久利

对炒白银来说，如果女性投资人不能很好地控制风险，想要长久赢利

一定是件困难事。那炒银究竟该如何做才能更好地控制风险呢？笔者提供以下招数。

招数之一：须有良好风险管理意识

白银投资具有较大波动性，其投资风险可变性加大，如女性投资人风险意识淡薄，赔钱肯定会是常事。因此，女性投资白银必须要有冷静的心态和清醒的意识，即使出现风险，也能做到不慌不忙、不乱分寸，进而去寻求好的化解风险的对策。

招数之二：制定切实可行的应对策略

为更好地应对白银投资风险，女性投资人最好能提前制定相关切实可行的应对策略，包括为什么要买进、卖出，要加仓多少，行情出现异常变化导致风险加大如何应对等。

招数之三：沉稳投资不能有赌博心

投资白银不是玩过家家，那是真金白银的实货，所以，女性投资人进行投资时不能有赌博心态：随意加仓，持有重仓，或随意减仓，持有轻仓。而应平常心对待，不能看到亏损就赌气，作出不理智举动，应沉稳投资，切不可有投资白银暴富的白日梦。

第五篇

掌握白银投资技巧，争取更大获利机会

投资没有技巧，就等于盲人摸象，投资白银也不例外。只有掌握技巧，女性投资白银时才能得心应手，去争取更大获利机会。

技巧之一：知识储备不可少

投资白银前，女性必须要做好知识储备，如果连最起码的知识都不知道，如何谈投资白银？如何去做趋势判断？如何去防风险？必定会以亏钱

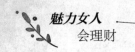
告终。

技巧之二：区间波动把握好

国内银价波动与国际市场银价波动密不可分，而国际市场银价是比较透明的，所以，女性投资人操作时最好以国际市场银价的市场波动趋向做参考，这样获利可能性会更大。

技巧之三：找准时机才出"兵"

女性投资时不可盲目为之，应先做"功课"找准时机，再考虑出"兵"，以便将有限资金投资到正确目标上。

技巧之四：不可忽视交易成本

尽管投资白银是小成本，但切不可忽视，如果交易频繁，日积月累就会是个大数目。

第六篇

绕开四大误区，游刃有余去炒银

出现投资误区，炒银就容易亏损。在炒银过程中，常见误区有哪些呢？笔者现举例说明，以引起女性投资人重视。

误区之一：不设止损，贪心过大

有的女性投资人对自己投资白银的技术太过自信，认为自己判断一定正确，觉得现在虽然是在严重下跌，但很快就会反弹，便不设止损保护。而见到有利可图又不去止赢，太过贪心。她们是否会想到高手也有失利之时，止损、止赢是投资白银必须的。

误区之二：投资随心，跟风严重

一些女性投资人认为，投资就应多投多操作，甚至可以说是不顾市场走向随心所欲，忽而重仓又忽而轻仓。有的看到别人买自己跟着买，别人

卖自己也跟着买，这是投资大忌，往往都会亏损。

误区之三：迷信技术，不谈经验

有的女性在投资白银时过度依赖技术，认为技术才是投资白银的获利法宝，所以，投资时必须要有技术支持，不是问专家，就是找行情系统分析，自己有好经验也不用。她们这种做法太过偏激，行家有误判时，系统分析也讲概率。

误区之四：只认短线，投机取巧

不少女性投资白银只认短线，觉得这样获利快，但没有想过这样的投机取巧每次都有十足把握吗？这么做，到头来可能会亏损更多，因为时间短，行情不好分析。

| 第十章 |

外汇投资，
在新舞台淘"真金"

第一篇

投资外汇，保持正常心态是成功关键

没有良好心态和健康的交易心理，女性投资人可能就无法在外汇投资中获利。所以，女性投资人应稳扎稳打，提升自身心理素质，保持正常心态。那需要具备怎样的心态呢？

心态之一：拒绝盲目跟从

没有学习有关知识，不懂投资技巧，不少女性投资人认为外汇交易可以边摸索边投资，便跟着别人入市，别人怎么买卖自己便怎么买卖。这是一种胆大盲目的跟从心理，投资外汇不能有这种心态，这样即使赚钱，也是偶然的。

心态之二：调整交易恐惧

外汇交易时对于出现的亏损，不能过分恐惧，本来投资就是赚赚赔赔，这是很正常的。即使出现亏损也应保持一颗平常心，否则，就容易对投资趋势做出误判。

心态之三：克服心烦气躁

外汇交易市场风云变幻，行情时好时坏，属于正常现象。女性投资人在行情波动较大时，不论盈利还是亏损，都必须保持冷静，以避免因心烦气躁产生投资决策上的失误。

心态之四：不存暴富心

不能抱着一颗暴富心进行外汇交易，这种急功近利的心理容易让女性投资人失去投资时的理智，是很危险的。无论做什么投资，一夜暴富的概率都是极小的。

第二篇

外汇投资，要学会把控风险

有句俗话说得好，"小心驶得万年船。"投资外汇风险不小，所以，女性投资人想要通过投资外汇成功获利，就要懂得如何去把控风险。现在不妨听听笔者建议，做到四必须。

必须之一：投资定是"多余"资金

女性投资外汇不能靠借款或靠节省，必须是自己"多余"的钱，否则心里会不踏实，造成心理负担。时时担心赔钱，无疑会造成决策拿捏不定，而这正是大忌。投资外汇如看好行情就应果断出手，而不能优柔寡断。

必须之二：要认识到风险很大

女性投资外汇必须认识到存在巨大风险。很多的投资失败者就是因为最初没把风险当回事，亏钱了，才真正意识到。所以，女性投资人在投资外汇时，应努力通过各种方式去学习有关风险概率方面的知识，尽量看透风险，以便能做好防范。

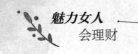
必须之三：市场不明朗不出手

外汇市场走势不明朗，女性投资人一定不要轻易出手，否则很容易出现误判，该收手时就应收手。选择明朗市场投资，才是明智之举，这样的市场才更利于赚钱。

必须之四：该止损时就止损

为避免投资外汇时出现失误造成损失，女性投资人应设立止损点。这样即使损失，也是有限的，会给自己留下一部分资金，如果行情出现反弹，自己还有回旋余地。投资外汇止损其实就是这个道理，所以，"割肉"时一定要咬紧牙关，该割就割。

第三篇

高招在手，成功投资外汇变得更容易

任何投资都会有风险存在，外汇交易同样也不例外。那么如何才能在外汇交易时把控好风险，成功获利呢？笔者巧支三大高招。

高招之一：疲惫时暂别是明智之举

做外汇投资，女性投资人感到身心疲惫时，最好暂别市场，这时因反应迟钝容易产生误判。短暂休息会让自己重新回归精神饱满，再回市场就能有全新认识，有了灵敏判断力，投资方向更容易辨清，这时出手，赚钱胜算更大。

高招之二：保持平常心拒暴富想法

女性投资外汇应保持一颗平常心，切不可有暴富想法。也许有人认为，没有胆量就没有产量，但用到投资外汇上是完全不合适的，要知道孤注一掷需要承担多大风险，投资失利会让自己损失惨重。没有胜算不要出手，即使出手也要留余地，这样就算亏损，也有实力再去翻本。

高招之三：急升、大跌时的调整、反弹不投

女性投资人在遇到汇率急升、大跌中的调整和反弹，千万不要轻易出手，最好是观望，因为这时最难把握，一旦贸然出手，可能带来的更多的是亏损。

第四篇

掌握"黄金定律"，外汇投资获利不愁

外汇投资作为一种风险投资，女性想要获利，一般来说不是那么简单，但有些女性却偏偏愿意去尝试新的投资产品。那怎么才能使她们获利的把握更大呢？笔者建议，不妨试试高手们的"黄金定律"。

"黄金定律"之一：坏消息卖出，好消息买进

汇市传言成真言，行情常常不是顺势，而是逆转。所以，听到坏消息应立马卖出，等坏消息被证实后，再赶快买进，而听到好消息则恰恰相反，应立马买进，等好消息被证实后，便赶紧卖出。如此操作，获利可能性更大。

"黄金定律"之二：行情持续上升，减额加码

汇市行情持续上升的情况下，不少女性投资人还想加码，但因价格越来越高，风险肯定越来越大，离顶部危险也越来越近。所以此时还想投资，把控风险很重要，那么如何加码更合适呢？采取减额加码方式陆续加，一旦变盘，也有缓冲余地，可及时抽身，这无形中降低了女性投资人的投资风险。

"黄金定律"之三：反方向激进，则操作慎重

汇市越跌则越买，这是不少女性投资人为摊低前面购买外汇汇价，希望等短期行情出现反弹后便卖出，减小和避免更多亏损的一种投资手段。

其实，这不是完全可取的，若短期行情不反弹，仍在下跌，那岂不是越亏越多，所以，遇到持续下跌行情，一定时间内没反弹迹象，女性投资人就应立即停止。

"黄金定律"之四：突破盘局，建头寸好获利

所谓盘局，就是指汇市汇率处于窄幅波动局面，买家、卖家势均力敌，暂处平衡状态。而汇市盘局一旦突破，则往往会有大行情出现，不管是下降还是上升过程，这时都是建头寸的最佳时机，女性投资人获利概率较高。

第五篇

懂得分析行情，抓牢投资外汇捡钱良机

交易大师詹姆斯·罗吉尔斯曾说："我只等着大把钞票堆在墙角，才走过去，毫不费力地捡起来。别的，我什么也不做。"这告诉女性投资人，如果学会分析投资行情，就有"捡钱"良机。下面笔者便把外汇投资"捡钱"良机总结如下，供参考。

"捡钱"良机之一：抓住强趋势交易日建仓

汇市开盘到收盘，汇价一直朝一个方向运动，且很明显是单方力量控制，这属强趋势交易日，这是最好的建仓机会。遇到这种行情趋势，在下个交易日，价值区间一般还能继续保持，这样，女性投资人就有充足时间，获利后仍可全身而退。

"捡钱"良机之二：盘整区突破，随方向杀入

盘整区一旦被突破，最好不要放过，不假思索随突破方向入市，这一般都是女性投资人获利的良机。

"捡钱"良机之三：冲阻力位失败，掉头反戈

汇价冲击阻力位（或支持位）失败，一般会全力再返原价值区间，参考点时间周期越长，返回幅度会越宽。这属投资市场平衡概念，女性投资人一旦遇到，应及时把握机会，掉头反戈及时出手，往往会有意想不到的收获。

"捡钱"良机之四：沿跳空方向建仓胜算高

很多时候，汇市开市阶段会有长线力量猛烈进入，这时容易形成跳空缺口。这种缺口特性就是起阻力或支持作用。这时，女性投资人如想参与，就不要含糊，尽快沿跳空方向建仓，往往胜算概率较高，会有不错收获。

|第十一章|

网上投资，
在可控风险中求财

第一篇

"宝宝"理财产品风格各异，看看哪款才是你的菜

随着理财产品的不断创新，银行、互联网公司、基金公司、保险公司的"宝宝"理财横空出世，它们都想在"宝宝"理财产品上分一杯羹。尽管都是"宝宝"理财，但每家风格各异，侧重点不同。那对于女性来说，哪款才是自己的菜呢？笔者把四类"宝宝"各自特点分别介绍如下，以供女性更好选择。

第一类"宝宝"：银行"宝宝"专业见长，更具安全性

银行毕竟是根基很深的正规金融机构，无论从专业性，还是安全性来讲，都是其他任何机构无法比拟的，而且银行由于有着更长时间的积累，所以有着众多忠实的粉丝。

从特点来讲，银行"宝宝"的专业性、安全性不容置疑，有着较强权威性，如农业银行快e宝、工商银行现金宝、建设银行聚财宝等。这些银行"宝宝"理财产品，以移动互联网终端和电脑终端为载体，技术上和互联网"宝宝"理财产品有一拼，在收益高低和买入卖出到账便捷上同样毫

不逊色。

第二类"宝宝"：互联网"宝宝"灵活性强，方便又快捷

互联网"宝宝"理财产品，一般都是有实力的大型互联网公司借助互联网平台与基金公司合作的产物。因互联网有较为庞大的用户群体，所以，大型互联网公司在推广"宝宝"理财产品时，也不是很费力。

从特点上讲，互联网"宝宝"有很强的灵活性，便捷特点尤为突出。一般买入和卖出时间没有限制，如果客户买入和卖出，在短时间内就可实现资金到账。当然，更具特色的是，有些"宝宝"理财产品还同时具有转账、购物支付功能。如最具代表性的互联网巨头阿里巴巴和天弘基金公司合作打造的"余额宝"，让女性真正得到了投资、转账、购物支付一举多得、事半功倍的实惠。

第三类"宝宝"：基金公司"宝宝"高流动性，到账更迅速

无论是银行"宝宝"理财产品，还是互联网"宝宝"理财产品，都是和基金公司共同打造的理财产品，是在瓜分基金公司的互联网理财市场。所以，不少基金公司也推出了属于自己的"宝宝"理财产品，这样互联网理财市场份额不至于被他人全部拿走。

从特点上讲，基金公司"宝宝"的流动性很强，一般都是T+0提现，提现迅速，并且允许高额度提现，让用户在资金运用灵活性上无后顾之忧。当然，资金流动性强，更从侧面体现了其不容置疑的安全性。例如汇添富基金公司的汇添富现金宝、融通基金公司的融通现金宝等都是资金秒到账。

第四类"宝宝"：保险公司"宝宝"收益较高，相对风险高

保险公司其主要业务是保险业务，但"宝宝"理财产品异常火爆，让保险公司很是眼红，所以，为打破"宝宝"理财产品三足鼎立的局面，保险公司也乘势而上，适时推出了"宝宝"理财产品。如此一来"宝宝"理财产品变成了四足鼎立。

从特点上讲，保险公司"宝宝"的最大优势应该是其收益，一般都高于其他类"宝宝"理财产品。往往比其他类要高出50%～80%，甚至更高。这对不少女性来说有很强的诱惑力，吸引不少女性转买保险公司"宝宝"理财产品。其他类"宝宝"理财产品一般7日年化收益率在4%左右，而保险公司的预期收益较高，且持有时间较长，如某康人寿保险公司推出的互联网理财产品，预期年化收益率竟然高达7%，最低投资周期为1年。当然，需要注意的是，预期收益率并不代表实际收益率，同时，这类"宝宝"理财产品的缺点是流动性差，一般不允许随时赎回，因持有时间较长，并且灵活性差，无形中增大了投资风险。

第二篇

投资"宝宝"理财产品，懂最佳技巧获取最大收益

"宝宝"理财产品在投资理财领域已存在好多年，并且得到不少女性投资人的认可，更让一些女性投资人成了忠实粉丝。但青睐归青睐，说到技巧，可能有不少女性投资人还真的没有掌握。那么投资"宝宝"理财产品究竟有哪些技巧呢？笔者介绍如下。

技巧之一：时刻关注货币市场动态

所谓"宝宝"理财产品，说白了就是货币型基金，只不过是通过互联网公司、银行等包装后借助互联网平台发售，并对多方面如流动性、透明性等进行优化的产物。因此，"宝宝"理财产品的收益高低，无疑与货币型基金市场行情波动有密切关系，货币型基金市场行情的涨跌会对"宝宝"理财产品涨跌造成影响。而货币型基金市场的动向又与国家政策、国内国际金融市场有关。

所以，要想选择更好的"宝宝"理财产品，就应时刻关注货币型基金

市场动态，做好货币型基金市场未来走向的行情预测。

技巧之二：专抓阶段获利

不同"宝宝"理财产品的收益都是根据不同政策、不同市场环境而改变的。因此，就不排除某类型"宝宝"理财产品在一段时间内收益会高于其他类型的"宝宝"理财产品，而对女性投资人来说，产品灵活性相当、风险相当，选收益高的肯定是最正确的。

所以，女性投资人投资"宝宝"理财产品要想获取更多收益，就应时刻注意不同类型产品阶段性7日年化收益率的高低，一旦发现哪个类型"宝宝"理财产品收益率在变高，并且有持续性，就应及时对产品进行调整，不要错过良机，应及时换成收益率高的"宝宝"理财产品。

技巧之三：产品注重方便、实时性强

对不同类型"宝宝"理财产品，其赎回方便性和到账时间上的快慢是不同的，有的随时可赎、实时到账，有的规定时间到期赎回T+1、T+2，甚至T+3到账。而女性投资人进行投资时，资金安全最为重要，如果赎回方便、实时到账，其资金安全性往往就会高于到期才能赎回且几天后才能到账的。最大的担心是，万一遇到不靠谱公司，平台无故关闭，那女性投资人的钱要兑现就会遥遥无期。

所以，女性投资"宝宝"理财产品时，应选择实力雄厚的公司推出的赎回方便、到账及时的产品。另外，提现额度上，"宝宝"理财产品都规定有限额，女性投资人应选每日最高的，以防用钱时超过每日提现限额而误事。

第三篇

认清P2P理财风险点，投资稳赚不赔

P2P理财作为互联网理财的一种新模式，受到不少意识超前的女性投资人的青睐。但她们多数是奔着周期短、收益高、方便快捷等优点去的，所以难免会冲昏了头脑而忽视风险。如果是这种情况，P2P理财就像一颗不定时炸弹，随时都可能发生爆炸，甚至可能让女性投资人血本无归。基于这些，可见认清P2P理财模式风险点是特别重要的，现笔者给女性投资人介绍如下。

风险点一：项目标的是否真实

蔚凯珍看到闺蜜通过P2P理财，同等金额、同等时间赚到的收益是银行存款收益的几倍，觉得非常不错，所以她也选了一家公司平台，准备把手上5万元投进去。毕竟是自己的辛苦钱，因此，她对该平台相关理财产品风险提示书和项目标的说明等做了详细阅读。但在了解过程中，她发现项目标的中有些信息不清晰，说明不详细，很多地方有瑕疵，觉得有假标嫌疑。她犯起嘀咕，决定考虑考虑再买，没想到没过多久，就传来该公司用假标圈钱的消息，确定属非法集资。她感到很庆幸。

有的P2P理财公司为了能让钱为自己所用，会用假标的欺骗投资人，以达到非法集资的目的。所以，女性投资P2P理财产品时，必须擦亮眼睛，详细分析，辨别标的真假。当遇到标的不清晰，需要公开的相关信息半披露或不披露等情况，女性投资人就应多个心眼，慎重对待。

风险点二：担保垫付是否靠谱

崔佳欣看到P2P理财很火，有超前意识的她抱着试试看的心态加入队伍。当她看到一家公司的P2P理财平台，公司不仅充当中介角色，还对资金做担保，并承诺借款人无法归还借款时，公司负责垫付，注册后，便通

过平台把3万元借给一个生意人，期限1年，固定年收益率9%。她想，有公司做担保，即使对方不还，还有公司连带还，不但没风险，还可赚高利息，真是天上掉馅饼的好事，何乐而不为呢？可过后，她又担心起了资金安全，借款完成后，从各方信息获悉，该公司是一家小公司，根本没担保实力。

很多P2P理财公司担保看似给投资人吃了定心丸，其实，不一定靠谱，公司没实力，哪来钱垫付？所以，这种提供担保代为垫付可能只是一件看上去很美，却经不起推敲的P2P理财销售噱头。当然，有些公司确实有实力、风控能力强，它们不是自己担保，而是由担保公司或保险公司担保，选择的也是实力雄厚的来担保，这种担保才算相对靠谱。因此，看担保靠不靠谱，担保单位实力是关键，这需从不同渠道获取相关信息。

风险点三：风控信息是否透明

牛妙倩听同事介绍说，某P2P理财公司产品收益高，短期1个月、3个月的年收益率都在8%以上，便有些心动，准备出手投资。可她看到平台上丝毫没有提公司实力和风险控制能力，同时她又想到，该公司产品收益这么高，加上宣传平台、调查借款人资信等各种耗费，成本会更高，再说公司还要赚钱，借款成本太高了吧，借款人能承受了吗？如果不能承受，公司怎能赚钱，是不是就会面临倒闭？最终，她放弃了对该公司P2P理财产品的投资。

不少P2P理财公司，从外部经营看很正常，实际上内部存在资金实力一般、管理营销水平欠佳、风控能力不足等情况，但这些信息往往又不被披露。女性投资人一旦选择这类公司的P2P理财产品，资金风险就会相对较大。说白了，风控信息不透明的理财公司，投资的资金蕴含风险会更大一些。因此，女性投资人投资P2P理财产品，应尽量谨慎为好，应根据公司披露的部分和全部信息对其风控水平进行分析权衡，以作出正确决定。

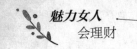

风险点四：保本保利是否真"保"

左梅兰觉得没什么好的投资产品，所以手里10万元钱一时没投出去，正好她收到一条某P2P理财公司销售理财产品的广告，5万元起步，1年期，年收益率7.8%，利息按月发放，保证本金零风险，保证收益足额兑付。她考虑后觉得这样的P2P理财产品不错，于是，便把10万元全投资了该产品，第1个月到第5个月她都顺利按时收到了利息，她很高兴，觉得选对了产品。没想到第6个月利息却迟迟没到账，她有些着急了，赶快上网去看，但平台网页已无法打开。她一下傻了眼，10万元本金就这样打水漂了，别说收益，本也没保住。

P2P理财产品都有相应风险存在，即使是有保证零风险、保证收益足额兑付等承诺字样，也并不代表产品100%没风险，这些其实是表面看着踏实，风险来了照样挡不住——借款人无力偿还，公司又经营不善，甚至拿钱跑路等。所以，承诺再好，不如投资前针对可能出现的风险做好事前防范，女性投资人不仅要摸准公司实力，还应密切关注公司一段时期的经营情况，更应对公司在借款人信息采集全面性、借款合同严密性、借款人违约后惩戒手段上做细致了解。只有"工作"做得越细，越深入，女性投资人的本金和收益才更有保障，最终真正能"保本保收益"。

第四篇

P2P理财投资，谨防走进误解怪圈

作为网贷模式的P2P理财投资是当前一种新型的投资方式，由于很多女性对其不太了解，再加上一些误传，导致不少女性投资人在投资P2P理财时走进了误解怪圈，从而在投资时产生错误判断。

那女性投资P2P理财主要存在哪些误解怪圈呢？

误解怪圈之一：把P2P当成高利贷看待

P2P理财收益高，所以有些女性投资人认为，P2P理财就是高利贷，不受国家法律保护，这是完全不对的。P2P理财和高利贷有本质上的区别，P2P理财属于受监管的正规产品；而高利贷不是，是国家不允许的受打击的对象。

误解怪圈之二：选择知名平台投资绝对安全

女性投资人投资P2P理财即使选择知名平台，也只能说相对安全，而不是绝对安全。知名平台在风险控制、信息透明、资金保障方面做得比较好，这让女性在投资时心里踏实。但即使再安全，也不能保证其所有投资项目都100%可靠，可能会有漏洞出现，这样就会造成资金的安全性降低，也就是不存在绝对安全这一说。

误解怪圈之三：P2P网贷根本没线下贷保险

很多女性投资人认为，P2P理财属于网贷，根本没有线下贷款保险，看不见借款人，借款合同不是借款人亲笔签的，根本不真实。事实并非如此，P2P理财的借款流程确实是虚化的，但对于贷款的审核、审批、监管等方面详细、严格程度根本不亚于线下贷。借款人借款后想消失也很难。

误解怪圈之四：资金在银行存管平台最靠谱

不少女性投资人觉得，资金在银行存管的P2P理财平台最靠谱，这不见得，这只是监管单位的一项要求。当然，只要是银行同意合作的，一般来说，都是平台规模够大、综合实力够强。银行存管是合规经营比较重要的一步。如果资金在银行存管，能很好地降低跑路、自融等风险。而对贷款本金和收益，银行是不承担任何风险和责任的。

第五篇

玩转众筹投资，沙里淘金获大"益"

众筹作为一种新的投资模式，经过几年的发展，如今国内已经发展有几百家，也逐步被一些女性投资人认可。众筹的模式有募捐制众筹、奖励制众筹、借贷制众筹、股权制众筹、收益权众筹五种，不少女性投资人在投资时不知如何下手，如何才能沙里淘金选到真正适合自己，能够给自己带来不错收益的众筹平台项目呢？现在笔者就告诉大家几大要点。

要点之一：不同众筹特点不同

五种众筹五个特点，女性投资人想玩众筹，首先必须弄清这些特点，这样才能做出正确选择。募捐制众筹属于无偿性的，纯属公益性质，不会带来任何收益；奖励制众筹属于回报实物的，不是回报收益；借贷制众筹属于有偿交易，投资人会获得本金和利息；股权制众筹属于回报相应股权，成为股东分红；收益权众筹属于获得产品出售后的收益，它是结合了其他众筹优点，在各大众筹中算是最好的，不属无偿性、不用只拿实物、不用只得固定利息、不用只得股权。

要点之二：众筹平台应该首选高资质

选择众筹平台，高资质的应是首选，无论投资哪项，平台很重要。资质越高，平台越专业、规范，资金的安全性才会越高，运行能力也会越强。同时，它们提供的项目会更多样化，更加可靠和值得信赖，对于项目真实性的把关和审核流程更严谨，对投资人更负责。

要点之三：获更高收益，选收益权众筹

如果女性投资人希望通过众筹获得更高收益，那最好选择收益权众筹。这种众筹是把收益作为投资人的回报，只要选对项目，对方的产品够新颖、有较大市场，女性投资人就会获得不错的收益。当然，想通过众筹

获得收益，还可以选借贷制众筹，女性投资人也可获得收益，只不过是固定的利息。

要点之四：多考虑"领投"介入项目平台

一般来说，有"领投"介入的项目平台能够引领女性投资人更快且正确地选择到适合自己的项目。因为这些"领投"是由资深众筹玩家和平台专业人士担任，他们不仅具有玩众筹的专业理论，而且有比较全面的专业技能。对于参与的众筹项目，他们十分了解，并且能给予你详细解答。可以说是女性新手众筹投资人很好的引路人。

要点之五：选成熟众筹项目风险更小

作为女性投资人，在选择众筹项目时，最好选择较为成熟的项目。一般来说，如果是成熟项目，往往都经过了专业性测试、评估，具有更强的操作性。对于女性投资人，投资时最希望的无疑是资金能在相对安全的环境下进行，而成熟的众筹项目的风险肯定会相对小于不成熟的众筹项目。所以，选择成熟众筹项目一定是正确的。

第三部分

实物投资

| 第十二章 |

实物黄金、白银投资，为女性
打造一条闪光"富贵"财路

第一篇

投资黄金，千万别因错误认识走歪了路

黄金作为硬通货，受到很多女性的青睐，更是被很多人当做一种投资品。其实，投资黄金并非那么简单。认识错误就会走歪了路。那女性应避开哪些错误认识呢？

错误认识之一：金首饰也等于投资黄金

不少女性喜欢购买大量金饰作为佩戴品，觉得不仅可作装饰，更是一种投资。按理说，这种想法是正确的，但如从黄金投资角度来讲，则有些勉强。金饰属装饰品，售价中会包含附加费，如转让则会因折旧而打折，所以，女性不要把购金饰当投资黄金，适量就好。

错误认识之二：投收藏类金条价值更高

收藏类金条一般都限量发行，在收藏方面有其价值。那它比投资黄金原料更理想吗？不见得！收藏类金条是黄金与艺术的结合，更像艺术品，在发行时价值要比黄金原料高很多，所以投资收藏类金条成本较高，而且还没有固定回收渠道，不易变现，即使能变现，价格可能不增反降。如此

说来，盲目把收藏类金条当黄金投资并不一定可取。

错误之三：黄金纯度越高则越好

一些女性投资黄金时认为纯度越高越好，特别是达到99.999%的万纯金更具价值。真是这样吗？从现状看，并不见得。它的定价机制还不透明，在金交所黄金报价系统中并没有高纯金报价，国际市场也没有对应价格。因此，女性投资人如果投资也根本无法分辨高纯金价格是否合理、投资价值究竟多大。其实，投资黄金，其流通性强很重要。有更强的流动性，投资价值才更高。

第二篇

讲究策略，稳扎稳打投资纪念性金条

在黄金市场低迷时，仍有不少女性看好纪念性金条的投资市场，愿意选择纪念性金条作为自己的投资。那女性投资纪念性金条有好策略吗？有以下四点策略供参考。

策略之一：注重实际不盲目投资

女性投资纪念性金条必须注重实际，毕竟投资纪念性金条需要较大成本，且不易变现。如果有实力，那无所谓，反之，则最好不要投资。切不可盲目跟从，否则，可能会让自己无法翻身。

策略之二："官条"更具有收藏价值

纪念性金条根据发行主体分为"民条"和"官条"，"官条"属国家法定造币单位发行，更具权威性。如果女性投资纪念性金条，选哪种更合适呢？无疑是权威性的更具收藏价值。所以，投资纪念性金条，"官条"为上。

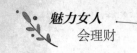
策略之三：首选题材好、发行量小

女性选择投资纪念性金条时，看题材和发行量非常重要。题材好会有更多人热捧，发行量小，物以稀为贵，自然升值空间就会大。当然，纪念性金条附的证书必须要保管好，这点很重要，如价格上升要出手，有证书和没证书在价格上是区别对待的。

策略之四：重工艺水平、是否成套

纪念性金条工艺水平和是否成套严重影响其价值，工艺水平越高又是成套的，价格就会越高，反之则越低。所以，女性如选择投资纪念性金条，尽量选工艺水平高且成套的，毕竟投资要注重升值潜力。

第三篇

投资纪念性金币，莫要在细节上栽跟头

纪念性金币发行量小、材质贵重，有投资保值特性，所以，现在不少不缺钱的女性便瞅准机会，把纪念性金币当作一种保值、增值的投资好项目。但女性投资人一定要懂得，无论做什么投资，注重细节很重要，投资纪念性金币也一样，否则就会栽跟头。那么，投资纪念性金币该注意哪些细节呢？笔者来告诉你。

细节之一：纪念性金币、金章价值区别大

为纪念某些事件，一般会发行同样题材的纪念性金币和纪念性金章，有女性投资人觉得投资哪种都一样，甚至金章价位还低。其实，这是错误的。纪念意义一样，但金币投资价值大于金章，金币属法定货币，国家发行，具有权威性，而金章是由金饰企业发行，没权威性，所以，投资时选择金币不容置疑。那如何才能知道是不是金币呢？其最大特点就是会有面额。

细节之二：会区分纪念性和流通性金币

一些女性觉得只要是金币，都有投资价值，是真的吗？其实不然！金币有两种，纪念性金币有纪念意义，设计精美，限量发行，升值潜力大。流通性金币无纪念意义，设计一般，发行量大，甚至多年不换图案，不具备升值条件。所以，投资金币不能盲目，要选就认准纪念性金币。

细节之三：发行证书很关键，收藏要注意

发行的纪念性金币都会配有中国人民银行行长签名的发行证书，这好比是纪念性金币的真身证明，如果投资，有没有这个证明，在价值上，甚至升值潜力上会有很大区别。所以，如果投资纪念性金币，一定是要投有证书的，否则买入后不容易转手，会给自己造成不必要的麻烦。

细节之四：品相会影响纪念性金币价值

纪念性金币投资品，品相好坏会严重影响到价值。品相好的价值高，品相差的价值低。所以，投资纪念性金币应把好品相关，投资品相佳的。当然，投资后在保管上也应注意，切不可因保管不善而让品相变差，一旦变差，不仅赚不成钱，可能还要赔钱。

第四篇

不同实物白银投资，把握重点才能更好获利

实物白银投资，不仅有银币、银条，还有白银衍生品，对于多种类的白银产品，如何把握重点更好地获利呢？现在笔者就来告诉你。

实物白银一：银币，适合投资也适合收藏

银币由国家发行，具有较高权威性。分为两种，一种为投资性银币，在国内特指熊猫银币；另一种为纪念性银币，纪念性银币规格不少，当然题材也较多，它是为了某些重大历史事件以及重要历史人物等发行的。

对于投资性银币，有一定投资价值，也可作为收藏，但它究竟有多大升值潜力，这和白银价格是上涨还是下跌有很大关系。除非是发行量较小，规格又独特的投资性银币，可能会被一些投资收藏白银的女性爱好者看好，甚至热炒，实现更快升值。

而纪念性银币就不同了，它的收藏和投资价值会远超于投资性银币，特别是那些发行量小、题材优秀的精品银币，价格涨幅会十分惊人。如1kg银猴年生肖银币，仅短短几年时间，涨幅就达到十几倍，可见升值速度之快，投资潜力之大。

实物白银二：银条，流畅回购渠道很重要

银条和银币一样，分为投资性银条和纪念性银条。投资性银条价格一般是白银价格的10倍以上，而纪念性银条则因发行机构是否具有权威性、发行量大小、题材好坏等因素一般会比白银价格高出1倍，甚至更多。所以无论是投资性银条，还是纪念性银条，交易成本都是相当高的。

而女性投资人无论投资的是投资性银条，还是纪念性银条，回购渠道不畅，就很容易"烂"在手中，特别是白银的稳定性很差，很容易被氧化，如果被氧化品相变差，价格就会跟着受到影响。银条只有能够得到变现，甚至及时变现，并且价格高于当初自己投资时的价格，女性投资人才算真正意义上获得收益。如此说来，选择投资银条就要选回购渠道流畅的，一旦自己不想持有，当价格高过自己购买的价格，就可及时出手。

实物白银三：白银衍生品，没有多大投资的必要

如今，放眼银货市场，各种白银衍生品比比皆是：银元宝、银章、银饰等。这些都是一些白银企业根据市场需要生产投放的。工艺一般，且没有题材可言，但价格会比白银价格高上不少。如果投资这些白银衍生品，成本高、收藏价值低，赔钱的可能性很大，所以依笔者看，这类白银衍生品投资的意义不大。

第五篇

掌握银币投资窍门，轻松投资巧妙求财

银币作为国家法定货币，随着一些女性投资人投资意识的提高，银币投资已经被很多女性看好。当然，她们看重的不仅是投资价值，还觉得十分有收藏意义。银币可以说是一个很好的投资品种。那么，投资银币如何才能真正做到轻松获利呢？笔者来给大家介绍几大窍门。

窍门之一：看重升值空间轻面值

也许有些女性会觉得银币面值越大，其投资收藏价值越大，这是不正确的。收藏投资的银币面值大，并不能代表自身价值，而自身价值主要集中在发行时间、题材、发行量上。所以，论投资收藏价值，不见得面值小的就不如面值大的。因此，投资银币看重的应是其未来究竟有多大升值潜力而不是多大面值。

窍门之二：看重题材发行量轻"重量"

好多女性觉得投资银币，"重量"大的一定比"重量"小的更具投资价值。其实不然，银币不是单纯白银，按"重量"算价值，而是国家发行的具有一定意义的货币。货币的收藏价值与很多因素有关，其中，比较重要的是题材，题材好的相对更具收藏价值。因此，收藏银币切不可看重"重量"，而应看重题材。

窍门之三：看重内在价值轻热门题材

一些女性投资银币，更愿意选择热门题材银币，觉得热门题材银币更具投资价值，其实不见得。何为热门题材？就是炒得比较热的题材，而热的题材不可能永远都热，很多时候可能就是一阵子热，价格大涨，一旦变冷，就会价格大跌，如不能及时出手，可能会被套牢。如果投资这种热门题材银币，危险性很大。因此，这种热门题材银币不是高手一定不要轻易触碰，如果真想投资，通过多方面比较、分析选择有内在投资价值的银币才是正确的。

窍门之四：看重长期投资轻短期涨跌

一些女性投资银币后，在某段时间看到银币价格变动较大，若投资量大的，心理难免就会随之起伏，甚至担心会大跌，自己严重亏损。所以，不免会冲动卖出，即使在已经赔钱的情况下。其实，投资银币应有平和心态，要懂得银币投资价格波动或高或低是很正常的事，随着时间推移，供求关系等因素影响，价格会慢慢变得更加合理。当然，这种调整也正是银币市场找寻平衡、修正估值的一种表现。因此，女性投资银币不能仅以银币价格变动较大就选择卖出，应看重长期投资，否则自己会为这种不理智行为付出不小的代价。

| 第十三章 |

收藏品投资，
开启一场华丽的寻"宝"之旅

第一篇

做好收藏规划，在投资中稳中求胜

有句俗话叫"盛世玩收藏。"所以，随着社会的不断繁荣，更多女性对收藏投资有了好感，也想成为收藏队伍中的一员。收藏品既可以欣赏，又能够增值，真可谓一举两得。但收藏不是过家家，收藏投资需要拼实力、拼眼光，更需要做好功课，有好的规划，特别是规划，是收藏的重中之重。

规划之一：明确收藏方向，规划收藏资金

想做好收藏，必须要有明确方向，比如该收藏什么，自己对哪方面收藏品比较感兴趣，而哪些收藏品容易入手。有了目标，资金也需要跟上，当然收藏资金可小可大，应量力而行，选择与自己实力相当的收藏品作为自己的收藏目标。

规划之二：学习鉴赏知识，懂得如何辨伪

收藏目标再明确，没有鉴赏眼光是肯定不行的。虽是真品，但可能自己出价太高，而如遇到伪品，只能自认倒霉。因此，应通过学习有关方面

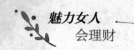

的鉴赏知识，请教行家、老师提高自身鉴赏水平。同时应系统学习自己所收藏目标的真伪的知识，认真总结收藏品特点，增强自身辨伪能力。

规划之三：选对一种类别，找准一面切入

选定收藏目标后，不能全面开花，比如选择了收藏小人书，不能见小人书就收藏，而应按类别收藏，比如选择按年代收藏，收藏20世纪60年代的、70年代的；按专题收藏，战争专题、人物专题；还是按名家收藏，收藏刘继卣的、顾炳鑫的。收藏必须从一面切入，这样投入的花费和精力小，且更容易入手进行收藏。

规划之四：提高防范意识，做好风险规避

投资就会有风险，收藏投资也不例外，所以要想做好收藏，必须要有风险防范意识。进入实质性收藏阶段，一定要从多方面做好风险规避工作，如品相风险、赝品风险、价格风险、买卖风险、保管风险、政策风险等。

第二篇

懂得"老物"中寻宝，莫让"财富"悄悄溜走

收藏，作为一种集陶冶情操、增长文化知识于一体的投资手段，受到越来越多的女性的青睐，收藏种类可谓五花八门，古玩、粮票、邮票、钱币、字画、布票，甚至旧书报、烟标、火花、像章都是收藏目标。对于女性来说，或许很多人没有这些爱好，但也不能错过身边的客观"财富"。其实，"老物"也值钱，女性一定要注意，莫让"财富"从身边悄悄溜走。

"老物"之一：古今钱币

我国钱币历史源远流长，钱币收藏已在收藏市场占了一席之地。可把

钱币收藏种类归结为三大类：古币、纪念币、普通人民币。在这些钱币中，有一些钱币已创下不菲价格，也许在某些女性家中也有这些钱币，在不注意的角落躺着。如20世纪80年代中期，银行朋友送了几枚面值一元的纪念币，随手丢在储钱罐中，现在不妨赶快找一找，找出仔细存放好，它们就是财富。古币中稀有币，纪念币中"中国人民银行成立四十周年""宁夏""西藏"，第一套人民币、第二套人民币和第三套人民币中第一版"枣红"一角券、第二版"背绿"一角券、二元券，其在收藏市场都已有相当惊人的价格，如果愿意卖出，这便是一份不小的财富，如果不愿意卖出，现在，或者说将来也是一份不薄的"家底"。

"老物"之二：旧书旧报

以前，对于旧书、旧报，多数女性往往会当废纸卖给废品回收站，现在，在清理这些旧书、旧报时，可要多加留意，也许在卖出的废纸、废书报中就有"钱"夹在其中，如各种版本名著、古书，有些杂志、报纸创刊号或停刊号。如今，这些在收藏市场已相当被看好，价格是原来十几倍，甚至更高。据有关媒体报道：2017年在西安举行的全国连环画艺术文化交流会上，对200多册连环画进行了拍卖，通过竞价，不少刚出版时定价几分几角钱的连环画，拍出上万元天价。比如一套35本西游记，底价为1万元，最终以2万元成交。女性朋友们一定不要轻易处理身边早期的旧书、旧报，或许那就是一笔不菲财富。

"老物"之三：古陶器皿

现如今，有少部分女性还喜欢保存一些明朝和清代的瓶、盆、碗、碟之类小件古陶器皿，这些东西过去由于价低而不被收藏者注意。现在，这些曾经作为生活日常用品的古陶器皿，其存量随着时间推移在日渐减少，目前在收藏市场也逐渐开始被看好。我国一些历史较悠久、文化气息相对浓厚的古镇，它们的收藏市场价正在悄悄上涨。据报道，一对不起眼的清乾隆年间青花瓷瓶，目前的收藏市场价最少也有几百元。家中若有这些东

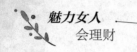

西，也是一笔不小财富。

女性可不要忽视这些财富，也许再翻一翻、找一找，在身边还能找出一些如铜制小烟壶、水盂、脸盆、锡制酒壶、茶叶罐，旧时竹藤饭盒、书箱、提篮、各种像章等现在收藏市场上被看好的东西。

流行收藏品投资，掘金新亮点

一本绘制精美的小人书、一套设计新颖的旧烟标、一张微微泛黄的老照片……收藏，早已不像以往那样，仅仅是有钱有闲女性的爱好。只要喜欢，时下流行的收藏品投资，任何女性都可参与其中，同时也成为她们的掘金新亮点。

收藏品一：电影海报

电影海报因画面精美，表现手法独特，文化内涵丰富，不仅具有欣赏价值，收藏价值也凸显，在国内收藏市场电影海报收藏已经在悄然升温。那么，要想真正收藏电影海报，就应了解电影海报，懂得其所包含的知识。收藏电影海报需要了解哪些方面的知识呢？

了解之一：电影在国内外发展史

有了电影才有了电影海报。因此，只有了解电影发展史，不仅是国内的，还有国外的，才能更好地涉足电影海报收藏领域。了解电影发展史应注重有哪些阶段，在这些阶段有多少精品电影、代表作电影以及经典电影等。这些电影海报收藏价值会更高。

了解之二：当红明星主演获奖影片及代表性电影

了解当红明星主要代表性电影和主演获奖影片对电影海报收藏尤为重要。不管什么时期，不管国内国外，都会有当红明星存在。如国内，民国

时期出现的像阮玲玉、胡蝶等当红明星，二十世纪五六十年代，甚至七八十年代出现的李默然、陈强、刘晓庆、张瑜、李连杰等明星。国外，出现过秀兰邓波、奥黛丽·赫本，伊丽莎白·泰勒等明星。了解了他们，再想了解他们的电影，收藏他们的海报就心里有底了。对于他们主演如获得国内"金鸡""百花"奖，国外"奥斯卡""金熊""金棕榈"奖等电影海报应视为"珍宝"，升值潜力更大。

了解之三：电影海报种类详情

电影海报主要为两大类，一为剧情式，二为非剧情式。剧情式以2~3张组成套，通过电影剧情发展，以连环画配文介绍电影内容。非剧情式以单幅形式精彩瞬间呈现主人公，无剧情介绍。电影海报标准不统一，有大有小，常见的主要为全开和2开的。而最大的则有多张大海报拼成有一面墙大的巨幅海报，最小的则有如普通明信片般大小，这两类不多见，物以稀为贵，收藏价值更高。收藏价值上常见尺寸海报会比最大或最小的差得远。

收藏品二：艺术扑克

因人们对艺术扑克收藏投资缺乏认识，早期的艺术扑克很多都被人们在娱乐消遣中消耗掉了，所以留存下来的极少，一旦留下来就会成为"珍品"，价值达到原值数十倍、百倍甚至千倍。据某报报道：在我国某省举办的一次藏品拍卖会上，20世纪80年代初期印制原值3元的《西湖风景》艺术扑克竟拍出1500元，这足以说明其增值潜力巨大。那什么样的艺术扑克更具收藏价值呢?主要掌握四大重点。

重点之一：极少存世量

一些早期艺术扑克，因时间较久，真正完整保存下来的很少。稀缺存世量注定了早期艺术扑克不可限量的升值潜力，据某报报道，在一次拍卖会上，一副原来仅卖2角的《白毛女》扑克，以1200元成交。

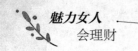
重点之二：收藏难度性

无论是国内艺术扑克，还是国外艺术扑克，因地广和不少条件限制，想要收藏很不容易。艺术扑克收藏难度大，造就了不少艺术扑克潜藏了更大的升值空间。

重点之三：创意工艺俱佳作品

出于纪念名人、纪念重大历史事件等，在一定时期会针对名人、事件等印制具有纪念意义的艺术扑克，这些艺术扑克创意十足、制作精美、质量上乘、包装讲究、发行限量，这类艺术扑克的"优点"就注定了其不会差的收藏价值。如限量发行的《共和国六十年》主题扑克，呈现了1949年至2009年的大事件，很可能成为具有史料珍藏意义的艺术扑克。

重点之四：不同异型形体

艺术扑克形体是不固定的，有圆形，有三角形，也有波浪形，甚至还有S形等，形体特殊便注定了制作的复杂性。制作难度加大，成本同样加大，而发行量却较少，这些异型艺术扑克便注定了其不可小觑的收藏价值。

收藏品三：版画

版画作为当前国内艺术品收藏市场的新兴力量，虽然价格相对较低，艺术价值却很高，所以很受一些收藏爱好者的青睐。但版画收藏并不简单，除个人爱好外，收藏价值与版画本身的市场价值和未来升值空间关系非常密切。那如何来判断版画是否有升值潜力呢？主要为四大要点。

要点之一：是否属精品级别

精品级别版画才值得收藏。版画从自身来说要讲究韵味、木味，甚至是水味和刀味，亦或构图意境达到一定境界才属"精品"范畴。当然仅有这些还不够，最好是在国内或国外被专家认可，并获得大奖，这才算真正意义上的"精品"，这样的版画一般都升值潜力巨大。

要点之二：是否名头响当当

版画收藏时，越是名头响的大家的作品越具有收藏价值，如著名版画家彦涵、黄新波、李桦，以及著名书画家（或油画家）兼版画家石鲁、黄永玉、吴长江等，这些大家的作品都"分量"十足，同样是版画作品，它们的价值会更高。就收藏市场见到的这些大家作品，没有几万、几十万元根本拿不下来，可想随着时间推移，这些大家的版画作品会越来越值钱。

要点之三：是否印制数极少

俗话说："物以稀为贵。"版画也不例外。印制数量决定收藏价值，印制数极少的，甚至是独一无二的，收藏价值、升值潜力越大，反之则越小，甚至毫无收藏价值。从收藏价值和升值潜力讲，大家们的绝版版画可以说收藏价值无限。

要点之四：是否题材较特殊

特殊时期特殊题材的版画收藏价值和升值潜力会远远高于其他。就如抗战时期，版画受抗战气氛熏陶，抗战气息很浓。这一时期的版画真实反映出当时的特殊。而因时间跨度太长，保存下来会特别困难，存世量较少，可属于文物级了。

第四篇

评估古钱币收藏价值，在收藏领域"获益"

古钱币作为中华民族的重要文化瑰宝，毫无疑问，其中不乏巨大收藏价值和高升值潜力的。那收藏者如何才能找寻到这些值钱古钱币，在收藏领域真正"获益"？那就要拥有敏锐眼光和鉴赏能力，懂得评估古钱币收藏价值。那如何评估呢？主要为五大方面。

方面之一：铸币所用何种材料

古代铸币材料有多种，金、银、白铜、黄铜等，黄铜主要用于民间，量多不值钱；金、银、白铜属贵金属，主要用于皇家宫廷铸币，且所铸币特点明显，质量佳、币体大、钱体厚，量少，因此非常珍稀，这注定了其收藏价值和升值潜力巨大。

方面之二：形体究竟是否怪异

古钱币造型花样繁多，刀币、布币造型独特，蚁鼻钱美观大方，经过几千年能够留存下来，极为罕见，这些古钱币如今的价值保守数字也在千元以上。又如宋朝腰牌钱，同样形体怪异，存世量极少，如今价值保守数字在万元以上。形体怪异、留存量小的古钱币，一般都价格昂贵。

方面之三：铸币年限有多久远

正常来说古钱币年代越久远越值钱。南北朝以前的铸币往往比唐朝以后的铸币更珍贵。当然，唐朝时期的铸币也会有值钱的品种，大历元宝便是其中之一，因发行量极少，年号用的时间又不长，这些特点注定了其收藏价值，如今价值千元以上，且升值空间无限。

方面之四：是什么背景下的产物

地域性政权铸币和农民起义军铸币，在古代发行史上，是两大有显著特征背景的产物，不仅发行渠道狭窄，且时间短、量少，故经过岁月流逝，能留存下来很不容易。如今已成"古董"级铸币，每一枚都价格不菲。如果时间再向后推移，价值会更高，收藏价值、潜力凸显。

方面之五：钱币背面有无图案

古钱币背面，在我国除清朝外，只有极少数有图案，如有星纹、日出纹、月纹、瑞雀纹等，还有一些是为表示钱监和年代等留下图案标记或特殊标记。背面有图案的钱，在当时就较为少见，现在则更是稀缺，这就注定了这类背面有图案花纹的古钱币的价值会是无图案花纹的几倍，甚至几十倍，升值速度亦如此。

收藏品市场藏伪品，掌握方法2大藏品巧存真

时下，随着收藏市场的繁荣，各种珍贵藏品伪造品大量"上市"，造伪技术不断"升级换代"，让女性收藏人防不胜防。鉴于此，有关收藏方面的专家把研究掌握的2大藏品辨伪方法奉献给大家，以做到去伪存真。

藏品之一：连环画（俗称小人书）

原版早期印刷，一般没施胶，纸张普通并泛黄。盗版连环画多采用现代纸张，甚至还是全新双胶纸，手感较光滑。文字、图案吸墨相对不均，墨色发灰，甚至细微部位线条会出现粘连现象。而原版则没这些现象。盗版连环画多数属粗制滥造，当然不乏精良的，但因制作成本低，加上想尽快出手，售价则较低。而原版则是按市场行情出售。

藏品之二：实物国库券

实物假国库券一般为胶版纸，用手感觉比较松软，挺度较差，用眼看比较粗糙，而实物真国库券则纸质触感好，不仅平滑、质感好，还有很强的挺度。实物假国库券图案颜色不匀，国徽缺乏应有的层次感，色彩不够鲜艳，实物真国库券恰恰相反。实物假国库券图案套印不准，清晰度差，多数无水印，即使有也多是附着表面，肉眼就可看出，底纹存在不清晰或断线现象，实物真国库券则与之相反，特别是水印要透光才可看到，且层次分明。

| 第十四章 |

以车代步，学会省钱，还要懂得赚钱

第一篇

买车有秘诀，五招买出实惠价

作为代步工具，现在不少女性都会购买私家车，可同样型号同款车，有的女性花了高价，有的女性却优惠了不少，那如何才能买到实惠价呢？看看笔者来支招。

招数之一：价比多家，多跑几回

侯诗雨看中了某款私家车，准备到实体店购买，可毕竟是大件"商品"，会花不少钱，她很担心买贵了。于是，她决定"价比多家"再下手。她几乎跑遍了市里所有销售这款车的经销店，最后选定了一家价格最低的，但她觉得价格还不是最低，想让对方继续让利，又和销售人员聊了很久。最后，虽然价格没有再降，但销售人员送了一些赠品给她，也算是间接地降低了费用。

同款车多家比较才能选出最低价，如果再在最低价的经销商处多聊聊，说不定能有更多优惠。另外，在月末、季度末尾去买，也许销售人员会为了促成交易完成业绩指标而做出价格让步。

招数之二：探明库存，照实砍价

库存大，汽车销售商就会选择去库存，所以，郑秀霞看中某款车后，特意探了探对方该款车库存量，得到了库存不少的消息。她心里有了底，买车时有了足够砍价的勇气，对方开始并不降价，但看她不吃这套，最终大幅让利，还送了赠品。

多数时候，某款车库存大是因为供大于求，所以，女性购车人得到信息后，不妨大胆砍价，一般都会获取较大让利。当然，库存大，也并不一定就是绝对供大于求。

招数之三：讲好价钱，熟人敲价

徐文静知道好闺蜜林小菲和汽车经销店宋总是好姐妹，而她正好看中了宋总汽车经销店的一款汽车。于是，她想让林小菲出面，那肯定能给个优惠，但她又觉得一旦出面，如价格敲定，就再无回旋余地。所以，她决定自己先砍价，砍好价再让好闺蜜出面，那价格就会更实在，她这样做了，最终以很实惠的价格买到了这款车。

一般情况下，女性购车人采取这种策略都会得到更实惠的价钱。当然，如果是特价车，则得到优惠幅度可能性会很小，但多送些赠品是可以的。

招数之四：卖价有底，参加团购

李洛虹看中了一款某品牌汽车，她来到了汽车经销处，发现价格不合适，就考虑暂缓购买。没想到，半个月后传来好消息，5人拼团买，在原价基础上每人优惠2000元。她认为好机会来了，便在微信群里发了一条拼团买车的消息，没想到还真有人响应，很快凑够了5人。去团购时，她看到销售价就是之前的价，对方没故意涨价后再虚假让利。最终，以团购方式，她买到了实惠。

汽车经销商当然喜欢团购，团购能让他们卖出更多的车，几辆车一起卖即使利润低一些，也会比卖一辆车的利润高不少。所以，对女性购车人

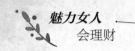

来讲，团购肯定价格会更实惠。当然，为了防范对方的团购假让利，女性购车人不妨提前摸清低价，然后再出手团购。

开车省油不是难事，只需遵循四经验

如今，汽油价格居高不下，所以节油便受到很多女性的关注。想要开车，又不想多费油，这该怎么办？那就是念好节油四经验。

经验之一：在踏油门时应"轻踩、慢抬"

在驾车过程中，不管是平缓行驶，还是上坡过坎，一定要轻踩油门，不能猛踩；放开油门时，也不能突然放开，而应慢慢、缓缓把脚抬起。这样会让发动机消耗多余动力，进而达到少耗油的效果。

经验之二：换挡速度一定做到快、准

在驾车过程中，换挡速度不仅要快，而且要准，直接换挡到位。否则，换挡速度慢，就会造成发动机空转时间无端延长，动力无谓消耗，进而造成多损耗油量。

经验之三：要多利用惯性进行减速

在即将停车过程中，要懂得多利用车辆惯性去降低速度，这样发动机并不需要有功率输出，也就不会有油量被耗掉。当然，这种减速前提是必须保证安全。

经验之四：低速待车尽量减少时间

在驾车起步过程中，不让发动机多余工作的情况下，尽量缩短低速行车时间。如果是在低速进行起步，一定要及时换挡，换成高速挡。正常情况下，40米距离以内被称作最佳，低速时间过长会增加油量损耗。

第三篇

掌握四大秘诀，修车省钱又办事

买车容易养车难，除油价高外，汽车维修费也不低，即使是小毛病到汽车修理店修一修也要花不少钱。那么，怎样才能做到既能把车维修好，又省钱办事呢？笔者巧支四大秘诀。

秘诀之一：抓住免费检测机会

现在，一些汽车厂家注重售后服务，所以，会时不时举行一些比如免费给客户检测汽车等活动。对这一利好，车主一定要抓住，即使是简单检测，也会排除小毛病，这也就会避免一旦成大毛病后，要付出较高维修费的严重后果。

秘诀之二：小毛病自己动手，大毛病找专业

车主平时可多看一些汽车维修和小故障排除等方面的书籍，以掌握维修方面的知识和小技巧。当汽车出现小毛病时，自己就可当修车工进行排除，这样可以节省一定的维修费。如果是大毛病，自己无法维修，再找汽车专业维修人员也不晚。

秘诀之三：及时处理小毛病，不要等变"大"

如果车有小毛病、小故障，不可视而不见，应尽快修理、排除。自己不会，就找专业汽车维修人员，也许二三百元就能搞定，千万不能拖。小毛病不仅有安全隐患，而且一旦拖成大毛病再修，那可能要付出一两千元，甚至更多的修理费，得不偿失。

秘诀之四：找家"质优价廉"维修店做定点

如果汽车已过保修期，需做常规维护，车主最好不要再选4S店，毕竟收费过高。可通过比较选一家"质优价廉"的店作定点，这样做既能做好维护又能省钱，一举多得。

第四篇

投保车险要学精，莫为错误去买单

很多女性买了私家车后，为了出现意外有"保障"，除强制要求购买的车险外，还不忘买些其他汽车险来补充。但同时会发现，这些女性中的一部分人因对汽车险了解不够清楚，会出现错误行为，最终不仅无法得到更大保障，反而白白浪费了钱财。那主要存在哪些错误行为呢？

错误行为一：想节省保费，不足额保

陈静芸买了一辆价格为20万元的私家车，因是新车，她决定买一些车险为自己的新车做保障。可在买车险时，为了节省保费，她故意只购买汽车实际价值一半的车险，她认为有一半也足够了，真是这样吗？

这是完全不正确的。因为不给汽车进行足额投保，一旦出了险，严重些的，比如造成汽车毁损，会得不到足额赔偿，保险公司只会按购买车险比例来进行赔付。如此说来，如果购买车险就应考虑足额，汽车价格多少就保多少，这样就不必担心汽车造成的损失，即使出险也会有保险公司足额赔付。

错误行为二：为更大保障，超额去保

陈怡涵明明买了一辆6万元的私家车，但为了让车更"值钱"，希望一旦出险，能得到保险公司的高额赔偿，她便自作主张把车的保额比例调高很多，进行了超额购买，她自认为很聪明，多花这些钱非常值。真是这样吗？

这是完全不正确的。因为在保险公司的保险条款中一般都会有这样的规定，在给出险车辆定损时必须严格按照汽车出险时的实际损失确定，换句话说就是，汽车实际价格只有6万元，那出了险，最高也就只能赔付6万元，赔付不会超过汽车的实际价格。如此说来，购买车险时，即使保额严

重超"标"，一旦出险，想获得更多赔付也是不可能的。所以足额购买就好。

错误行为三：同样的保险，重复多保

包舒瑶买了一辆私家车，在购买车险时，她视同人寿保险一样对待，为实现一旦出险，就能够多得到一些赔付款的愿望，同样的车险，她跑到了多家保险公司购买，并且在每家保险公司都足额购买。真的可以这样吗？

这是完全不正确的。因为对于财产保险标的财产，其保险金额精准科学，价格是多少就应是多少。也就是说，汽车实际价格是15万元，如果汽车出现险情全部损失，最高赔付也只能小于或者等于15万元，如果一家保险公司已经足额赔付，即使在另外一家保险公司也同样上有同类汽车保险，也不会再有任何赔付。如此说来，如果在一家保险公司已进行车险足额投保，那再在其他保险公司重复投保就没有任何意义了。

错误行为四：随意取舍，该保不保

在车险品种中，既包括有第三者责任险（包括交强险和商业三责险）、全车盗抢险及车辆损失险这三类主险，同时又包括有无过失责任险、自燃损失险、车上责任险、车辆停驶险、玻璃单独破碎险、不计免赔险、划痕险等一批附加险种。这些车险各有各的保障作用，但仇红静在购买车险时，认为这个也可以不购买，那个也可以不购买，觉得这些险种所承保的责任范围自己是不会遇到的，在不加任何分析和考虑的情况下，便随意进行了取舍。真是这样吗？

这是完全不正确的。毕竟汽车无论在行驶过程中，还是在停靠过程中，都无法避免意外的发生。或是自燃，或是划伤，甚至被盗，如果没购买这方面的车险，势必无法得到任何赔付。如此说来，购买车险时，应周全考虑，既不能为了省钱而减少保额，也不能存有侥幸心理而不保一些车险，要分清哪个轻哪个重，真正需要的、出险概率高的一定要购买，以防

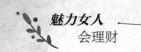

本应买而没有买，让自己因小失大。

变换思路，别样赚钱方式"以车养车"

买车容易养车难，这是不少买私家车主的无奈。买车前兴高采烈，买车后苦不堪言，什么汽油费、养路费、停车费、保养费等，养车的各种费用让你数都数不过来，而私家车买了，总不能搁置着不开吧。那有没有好方法转嫁高额养车费，让养私家车不再压力大呢？有！只要懂得变换思路，巧用别样赚钱方式就能让你养车高费用成往事。

方式之一：挂靠公司，挣租车费

智欢悦经营着一家效益不错的公司，所以她买了一辆大排量宝马车，没想到进入今年，生意不好做，但新车买了，不能不开吧，但费用太高，省着点每月也得1500元。公司效益不好，高费用让她开车不再是享受，而成了"难受"，是在"开钱"。怎么办呢？一位汽车租赁公司的朋友建议她，不妨将车挂靠在自己的汽车租赁公司名下，根据租赁需要，公司给付报酬，她一考虑，接受了建议。挂靠后，每月收入都在1500元以上，她很高兴。

挂靠租车公司"以租养车"是一个养车好办法，值得借鉴。毕竟养车成本较高，用车赚钱就可减轻用车开销。但需要提醒的是，如果要挂靠在汽车租赁公司，一定要选有实力、信誉好的正规汽车租赁公司，并签订相关合法租用合同，且明确权益，以避免被骗租、车辆一旦出事责任不明确等闹心后遗症。

方式之二：出租车身，谋广告利

自打油价上调，裴文惠刚买的"比亚迪"家用车就成了摆设，这不是

白白浪费钱吗？可高油费支出，又让她不得不这样。这天她坐公交车去上班，发现公交车变"漂亮"了——车身上有一家品牌化妆品的宣传广告。这激发了她的灵感，自己的车也可以利用起来出租赚钱呀！所以在了解了出租车身做合法广告的流程后，她便打出了出租广告，没想到很快就有一个老板找到她，让她做品牌羽绒服车身广告，前提是必须每天"流动"2小时，广告费每月1000元。她正常一月汽油费700元，一算账，每月还有300元利润。

出租车身做广告，不愧是以车赚钱养车的好计谋。但值得注意的是，不能盲目而为，一是必须先到工商局、车管部门等办理合法手续再出租，二是广告必须合法，且自己能接受，比如车主是女士可做化妆品、服装等的广告。

第四部分

日常消费

第十五章

理性消费，锁住冲动的魔鬼，守住钱袋子

第一篇

生活不打折，巧变换方式轻松省钱

省钱不等于低价，也许同一样东西变换一下方式，就能巧妙地省下钱来。价格打折而生活不打折，这是不是就是会理财的女性们最想要的？答案不言而喻！现在笔者就为女性们支几招变换方式，以达到省钱目的。

妙招之一：汇款用手机银行，免交手续费

陈熙曼的弟弟在外地上大学，每个月她都需汇生活费。以前，她都用支付宝等第三方支付平台汇款，不仅方便快捷，而且不收手续费。但现在，这类平台开始对汇款收费了。那还有没有汇款免费的平台呢？

现在多数银行的手机银行业务都对客户汇款免除手续费，如农业银行、建设银行、工商银行等银行。不管是往哪个银行汇，不管是往本地，还是异地汇，全国范围内手续费全免。如果汇款，不妨到这些银行开通手机银行，就不需花手续费了。

妙招之二：办手机附属卡，共享话费套餐

方心蕊办了一个某通信公司196元合约手机资费套餐，她觉得很适合

自己，也很实惠。但用了两个月后，她认为当初的选择是错误的，这个套餐并不真正适合自己，尽管话费、流量、短信等送的多，可她根本用不完，所谓实惠也成了浪费。如果选资费低点的套餐，虽然送的少，但够用的情况下，她能做到省点钱不浪费。可要想改资费低点的套餐却不行，需要2年合约到期才能改。那有没有好办法让用不了的话费不浪费呢？她很想知道。

联通公司、移动公司、电信公司等都有办理附属卡（副卡）业务，附属卡与主卡可共用套餐。就方心蕊的情况，如果给她的合约套餐手机卡办一张附属卡，难题就迎刃而解，附属卡让亲人用，共享主卡套餐，亲人使用了她的套餐，她不浪费了，亲人也省钱了。

妙招之三：营销平台链接购物，获取"返利"

鲁彤芳喜欢网上购物，吃的、用的、穿的等，只要网上能买的，一定会在网上买。最近，给弟弟买的2000多元的学习机，她也是去的网上商城。如果算网购花的钱，这几年加起来，她没有花掉10万元，最少也有七八万元。今年她要结婚，房子下个月开始装修。从装修到入住免不了还得网上买买买，小到卫浴用具、厨房用具，大到冰箱彩电、沙发床等，少说也得花几万元。可买这么多，也许商家能送个赠品，减免个运费，但她并不满意这点小利。那有没有什么好方式能让自己得到更多实惠和让利呢？她很想知道。

现在有不少营销平台对商品进行返利推广，如某某返利网，在淘宝、天猫等购物，将商品链接复制到搜索框，通过搜索出的链接购买，只要是参加返利活动的商家，在完成交易后，购买者就可以额外获得返利奖励。

第二篇

学会精明理财，要懂避"陋"之道

居家过日子，女性离不开精明理财，但有的女性却因"陋习"所累。其实，规避"陋习"有什么方法呢？笔者给您来支招。

陋习之一：特价等于便宜，扫货没有节制

饶静楠每月收入不少，单身日子过得平平淡淡，唯一比较"突出"的是浪费胜过多数闺蜜，而她的浪费与那些不善理财、不懂理财的闺蜜的浪费比又有所区别，她是为了省钱，而适得其反造成的浪费。超市、商场经常会搞一些特价销售活动，精明的她认为这等于是占便宜，所以，一遇活动，她就会上阵。如此一来，尽管买有些商品是省了钱，但免不了也会买回一些不太实用的。如此没有节制的扫货，最终导致了浪费。

从饶静楠选在超市、商场搞特价活动时买商品来看，她是有省钱理财意识的。但省钱归省钱，绝对不能没节制，如何控制这类消费，能在买"特价"抢便宜的同时，做到正确理财呢？办法是有的。超市、商场开始搞特价时，不妨先做购物计划，比如把需要买的列一个清单。到超市、商场时照着清单去买，再对总钱数进行控制。如此一来，杜绝买特价商品反而花费更多就不难了。

陋习之二：平时分毛也抠，过节轮流请客

如果到菜市场转转，你一看就认为王美霞是抠门的人，买菜挑挑拣拣，三毛两毛也斤斤计较。当然，她的收入每月不是很高，这对于她来说也属正常。这样精明过日子，她的生活肯定会得到改善吧？并不见得，她是小抠大浪费。每逢过节，好闺蜜们会提议轮流请客吃饭，她每次必去，碍于面子加入了请客"团队"。结果呢？买菜省的那几毛钱，还不够朋友轮流请客时一盘最便宜的菜钱。她这种打肿脸充胖子的做法，有了面子却

损了票子。这种轮流请客的活动，就她这个收入不高的情况，不参加也罢，即使参加也不要充大款，现在就因为经常参加这种"活动"，她吃完工资还背上了债。

王美霞这种理财方式，不建议大家采纳。省钱、浪费走极端，这种做法不靠谱。为了省钱斤斤计较，为了面子又浪费钱，何必呢？其实，不想过这种负债的日子很简单，少参加这种花大钱的"活动"，即使参加，也把就餐地点改在自己家中，自己亲自下厨，既有气氛，也会节约请客"成本"。一定要懂得节约，不要把"面子"太当回事，当然，节约要有节制，不能太抠门，这样不仅真失了面子，也未必能真省下更多票子。

陋习之三：旅游不分时间，专拣旺季出行

出行旅游，看看大好河山，既放松心情，又增长见识。对于旅游，多数女性都喜欢。比如许茜茜，尽管收入一般，但每年都免不了要出去玩几次，而且喜欢旺季出去。她的想法是，旺季旅游人多，热闹，所以哪里人多就去哪，哪条线路热就走哪条路线。如此一来，免不了每次出游，同样旅游路线，她都要比淡季时多花不少钱。去年国庆旺季期间，她就选了去云南的旅游路线。据她讲，比淡季多花几百元不说，还没有玩好，人太多、太挤。你看看，她这不是花钱买罪受吗？再说本来自己收入就一般，为什么非要选多花钱的旺季出游呢？

对于许茜茜这种出门旅游选旺季的做法，从理财角度来讲，不值得提倡。其实，出门旅游讲的是一个舒心，旅游选旺季，多花钱不说，人多，肯定也玩不好，这很正常。所以，建议出门旅游选淡季，人不多，花钱少，玩得还更开心。如果是找旅行社，费用还会减少30%～50%。淡季旅游省钱又舒适，女性何乐而不为呢？

第三篇

持家也是理财，告别"畸形消费"

很多女性会把理财挂在嘴边，但她们又搞不明白什么才是真正的理财。其实，理财无处不在，最贴近自己的便是打理生活。持家也是理财，理财渗透在生活的衣食住行中，而往往这又很容易被忽视。不信，你看看这几位主妇的"畸形消费"你身上有吗？

"畸形消费"之一：打折"抢"购，穿时无"衣"

朱爱玉做事干净利落，自认为也是能干的人，持家自有一套。她认为省钱便是赚钱，这个道理不假，但省钱只有省到点子上才能算。她的一些省法可能就等于浪费钱了，买衣服，都是打折时才去，因为这时便宜。可是很多不是快过季，就是样式不好卖不动，这样的衣服买回家，无疑也不"适合"穿。打折衣服买了不少，可她每天出门总是东翻西找，找不到满意的衣服，甚至，偶尔搜出的一件，她都忘记什么时候买的了。

买衣服不能冲着便宜去买，也许很多女性认为便宜就等于省钱了。不，便宜和省钱是两码事，就像朱爱玉，虽买的便宜，可多数不"合适"，那省钱就成浪费。在穿着上，不能为"便宜"而买，应适合穿才买。即使价格高些也无所谓，应避开盲目购衣。

"畸形消费"之二：开"灶"很少，吃饭随意

蒋文湘每月收入都在6000元以上，年收入高达8万元，可每到年底一看，连1万元结余也没有。按理说，一年这么多收入，攒个2万～3万元应该不成问题，可事实却并非如此，那她的钱花哪去了？吃饭就是大开支，晚上回来迟了，觉得累了，不想做饭就到外面吃；中午回来了，不想做菜了，在外面买份做好的热菜和凉拼带回家；过周末，到外面和朋友同事去玩，肯定要在外面吃；闺蜜同事来了，不愿意动手在家里做，到外面饭

店吃……

如果单说一顿，那按她的收入，不算什么，但日积月累呢？那可就不是小钱了。

蒋文湘看似在吃上方便，又改善生活了，但她这种外面吃的做法不可行。一则浪费钱，二则也不健康。还是自己花点心思在家做比较实惠，安全又营养，还吃得舒服。

"畸形消费"之三："美家"无"度"，不切"实际"

韩清叶现在住的房子不大，又是旧房子，虽然不能换新房，但把家里打扮打扮总可以吧。对于没有新房住的她，能够在现有条件下改善居住环境的想法无疑是正确的。可想法归想法，闺蜜结婚买新房子需要买皮质新沙发，自己也喜欢便跟着买，放到家里是不错，但太占地方，客厅显得更拥挤了。最后没办法只好送人。

到花鸟鱼市场，看到鱼缸里的鱼很好看，自己喜欢，也想为家里添点生气，便买了鱼缸买了鱼，但自己不会喂养，没过几天，鱼死了，鱼缸也成了闲置，家里反而多了一件"闲物"。韩清叶这种不切实际的"美家"行为，家没美成，却浪费了钱。

改善居住环境无可厚非，但韩清叶有些过了度，这不仅不能改善居室环境，而且白花了钱，还添了乱。要想改善，应从实际出发，买适合自己的，而不是喜欢就买，即使自己再喜欢，如果不适合，也应主动放弃。

"畸形消费"之四：出门开车，没车打的

梅凯莉属于有车一族，每月工资四五千元，按道理说，工资不是太高，但也不算太低的。可她总捉襟见肘，钱花哪去了？车上呀！自从有了车，她出门不离车，距离远，开车，距离近，也开车，出门开惯了车，人也变懒了，没有车开，不出门。出门时开车实在不方便，便"打的"。一算账就知道她"行走"成本有多高。

有车出门方便是好事，可开车代价并不低，油钱、过路费等开销不

小，所以，车应在需要时开，而不是时时开。并且，开惯了车，时间一长就会有惰性，出行开车不方便，便花钱打的。从理财角度来讲，并不倡导这样的做法。车应作为距离行走较远和应急交通工具，距离近可选骑自行车和步行，这样不仅省钱，还锻炼身体，可谓一举两得。打的也是应急，不要变为日常交通工具。特别是工资不高的上班族女性，自己挣工资都为"行走"服务了。开车、打的的费用太高，该节省时要节省。

第四篇

"抠门"理财，"实惠"生活由你掌控

很多女性一说到"抠门"，就觉得很丢人，怕被别人说闲话，真是这样吗？其实，在这个提倡"节俭"的时代，如果"抠"得其所，能"抠"出水平，说不定还会成为别人羡慕的对象。说不准还会有人想向你取经——你的幸福生活究竟是怎么"抠"出来的？

"抠门"之一：滞后消费，不为新产品买单

尽管曹凤艾是80后，可她的消费观念很保守，对于消费，特别是电子产品从不追求最新最热，即使特别喜欢，也会控制购买欲，等降些温后再买。她的原则是"滞后消费"。这样同样也可买到想买的，还会省不少钱。就说她现在用的这款智能手机，刚上市时卖得很贵，足足8800元。虽然她很喜欢，可她并没有立即抢购，而是推后3月才买，她买的时候，价钱已降下来，8200元便拿到了手，整整便宜600元。曹凤艾觉得，虽晚用3月，但省下来的钱就等于赚到的。

像曹凤艾这种滞后消费的做法值得推荐。就电子产品而言，刚上市时，因是新品热销，肯定价钱高，过段时间又有新品推出，原来新品的销售热自然就会降下来，跟着降下来的还有价钱。这时出手才是最佳时机，

不仅可以买到，而且价钱也便宜不少。俗话说，省的就是赚的，何乐而不为呢？推迟一段时间买，有什么大不了？

"抠门"之二：量"身"定做，既顾面子又省钱

钟菲媛在一家杂志社做时尚版编辑，尽管工资不高，可穿着上得追求品位，那怎么才能两全其美呢？她的办法就是看时尚品牌着装样式，亲自选布料，拿着图片到当地裁缝店找师傅量"身"定做。这样一来，她既追求了时尚，又获得了实惠。前不久，她看中一款某时尚品牌服装，专卖店卖1800元，这么贵的价钱对她来说比较奢侈，可她特别喜欢，于是，为了既能穿这"款"服装，又花不太多的钱，她选择了买料定做。最终自己找裁缝师傅做下来才花了900元，而且因是量"身"定做，衣服很合身。这种省钱又能追求品位的做法，她很受用。

其实，在穿着上既想要穿出品位，又不想多花钱，钟菲媛的办法确实不错。如果通过裁缝师傅为自己量"身"定做，既能在品位上追求时尚，又能做到穿起来更"合身"，当然，最重要的是能省一大笔钱。这对工资不是很高的工薪族女性来说，特别值得借鉴。

第五篇

理性消费，不为"对赌协议"陷阱轻易买单

在日常消费中，颜朵岚遇到很多次"对赌协议"消费陷阱，真是把她坑坏了。比如某超市蔬菜销售，故意5折售卖，但都是短期易腐烂的叶菜，她觉得便宜，便大量购买，结果吃了不到三分之一菜就坏了，导致省钱变多花钱。再比如某通信公司推出大力度话费、流量优惠套餐活动诱惑消费者，128元可以每月送1000分钟通话时长、30G流量、68元可以送450分钟通话时长、10G流量，她便会冲着优惠办理业务，甚至还会选择128

元套餐。结果自己每月通话时间只能用掉300分钟，流量10G也足够了，看似享受了大力度实惠，实则根本用不完套餐，浪费了钱财。其实，类似这样的"对赌协议"的消费陷阱还有很多。这些对女性消费者来讲，是一种错误的消费形式，应杜绝，否则就会浪费掉本不应浪费的钱，如何才能做到呢？笔者支几招。

第一招：拟定购物计划，合理消费

商家的"对赌协议"消费陷阱，赌的主要是消费者的贪，而贪心又是人的共性，一般遇到便宜都会捡，这一捡就会捡出"浪费"，甚至无意中还打破了家里的消费收支平衡，买多了让自己"富翁"变"负翁"。

避开消费陷阱与诱惑才是正道。如何才能做到？最好的办法就是按需购物，提前做好购物计划，消费时直接照着购物清单下手，该买的买，不该买的绝不买，拒绝多支出，远离浪费，以做到合理消费。如此，再有商家"对赌协议"陷阱，又能奈何？

第二招：选真正适合的，正确消费

就消费来讲，同类产品，质量不同价格就会不同；而在需求方面，有的产品自己需要，而有的产品并不需要，买回来也用不上。如是需要的产品，价格合适，则可以入手；如是非需要产品，即便价格再便宜也不要买。

因此，女性无论做什么消费，都应三思而后行。可以肯定地说，买不适合的商品，即使再便宜也是浪费，不是吗？消费想不浪费，就是选真正适合自己的，选需要的，做到正确消费，遇到"对赌协议"消费陷阱也能避开。

第三招：不盲目跟风，克制消费

不少女性喜欢跟风消费，觉得别人买的一定是好的，买的人多一定是实惠的，所以，别人买什么，她就去买什么，如此一来，买回一大堆商品。别人用合适，对自己也合适吗？未必。盲目地跟风，无形中可能就会

浪费钱。

盲目跟风消费，无疑是一种错误的购物方式，不能因别人买了或别人认为便宜了，就认为套在自己身上也是实惠、合适的，那也许只是自己一厢情愿。盲目跟风多数时候会是让自己白白浪费钱财，因此，应拒绝这种跟风消费，做到克制消费。

第四招：抵挡低价诱惑，理智消费

商家低价诱惑，多数女性很难抵挡，但诱惑后面往往有商家猫腻在其中，比如，商家把那些积压的、残次的、过季的混充其中，商家赌的是价低就会有人买，捡便宜的女性会不少。这令不少疯狂抢低价的女性真正成了消"废"者。

在遇到这种商家低价促销时，女性应保持正确心态，最好不要贪图便宜，要知道便宜背后并不一定是实惠，而是商家甩"烂货"的手段，是商家的一种消费陷阱，女性买的只能是吃亏上当，所以消费一定要理智。

| 第十六章 |

厉行节约，
花小钱过优质生活

第一篇

以"租"代"买"，新主张打造低成本生活

现在，很多女性开始喜欢过简单而快乐的生活，不愿意被生活负担所累，于是，在这种观念的影响下，出现了理财新主张——只"租"不买。你还别说，租房的低成本，还真给她们带来了幸福新生活。

新主张一：租房，无债换得一身轻

陈美霞工作多年积攒了15万元，再加上父母愿意赞助的15万元，对于现在租房住的她来说，买房首付已绰绰有余，如果选择按揭贷款，很快就会有自己的房子，结束租房生涯。可陈美霞不愿意，她就愿意过现在这种无债一身轻的生活。如果买房，她就成了房奴，那样不仅会影响到生活质量，而且会被贷款所累。打消买房念头，过着租房的日子，陈美霞生活过得很惬意。想一想，真要买了房，那她的日子肯定就不像现在这么舒服了。因此，她决定，即使买房也要等到"有钱"后再考虑。

陈美霞的思想很超前，虽说租的房子不属于自己，可是她不需要为买房负债所累，而一些贷款买房的人，他们的生活品质的确降低了很多。算

算经济账，租房成本比买房低很多。但是，这种以租代买的观念是很超前的，还需要你有一定的抗压能力，因为会有很多人，包括亲人朋友，不停地问你为什么不买房，对你的行为表示不理解。

新主张二：租车，开"临时"车也方便

李倩雯工作单位旁就有公交站，所以，她都是选坐公交车上下班。虽说单位很多同事都开着自家车上下班，但她却不羡慕。难道是她买不起车，没有办驾驶证？并不是，因为她心里有自己的小算盘，如果买车，抛开买车费用不说，开车上下班，汽油钱、保养费、保险费，一年下来少说也有1万多元，对她来说成本太高了。但有时没车也不方便，怎么办？她的办法就是有急事时到本地汽车租赁公司租车用，尽管每月也少不了租两三回，每次租车按一天200元也不是很便宜，可细算一下，一年下来加上油钱，也就5000元左右，比买车费用省了不少钱。而且，这也很方便，李倩雯觉得做临时车主很不错。

从理财角度来讲，李倩雯租车不买车的行为实惠又省钱，是个不错的办法。当然，有时候可能也会遇到租不上车的现象，比如春节、国庆节等。其实，这也好解决，如果真的要在节假日用车，不妨提前预订，这样就不会有一车难"求"的事发生了。同时，值得提醒的是，逾期还车是有一定费用的，不同租赁公司有不同规定，在租车之前一定要了解清楚，在租车之后，也要算好出行时间，以免花冤枉钱。

新主张三：网购花束，常换新花多实惠

方静雅是个讲究生活品位的人，平时特别喜欢买一些花来美化室内环境。可是她不是很会养花，不少花都"死"在了她手上。不久前，她花几十元买的一盆杜鹃也"死"了，这让她很惋惜。另外，即使花没"死"，天天看同样的花，日子一长也没了新鲜感。如果选择去花店多买几种花，便宜的花自己不会搭配，店里搭配的花束又很贵，长期买的话，费用不低。现在网上流行起预定花束，到了预定时间，会有专人搭配好一束花，

直接快递到家。买这样的花，不需要打理，直接拆开快递，将一同寄来的保鲜剂倒入水中，再把花放进去就可以保持至少一周的时间。这样的鲜花预定一般都是从鲜花产地云南发货，即使加上快递费，总体费用也比平常在外面买花便宜很多。并且，每一期鲜花有不同主题，摆在家里也能有新鲜的感觉。

对多数爱花女性来讲，这种鲜花预定确实比自己养花或者去花店买花合算。就像方静雅一样，花差不多的钱可以欣赏到更多的花，而且欣赏时间更久。所以，如果你喜欢花，不妨选择网上的鲜花预定。另外，这些专做鲜花速递的花店为了培养忠实顾客，选择按月、季度或者年度来预订鲜花，时间越长，费用均摊下来越低，所以如果一直都需要买花，可以选择预定长期的来降低费用。

第二篇

懂得网购方法，购出实惠，购出便宜

一提到买个普通质量的包包，买双普通牌子的鞋，买套常用的化妆品，很多女性便会想到网购，因为网购更方便，而且实惠多多。现在，还有一些时尚达人，买国际品牌，甚至奢侈品也盯上了网购。买一件奢侈品，如果渠道选对，这些时尚达人省掉的就不是几百元了，省个几千、上万元都是很平常的事。但如何才能买得满意，尽量规避"意外"的发生呢？方法很重要。

方法之一：先做功课，再下手

关优娜是一位时尚女性，尽管她每月收入仅有五六千元，但也喜欢偶尔买一次国际大牌。可实体店太贵，有些时候真消费不起，但确实想买，怎么办？她采取线下实体店挑选，然后到线上国际购物网站购买。因前期

做好了功课，网购为她节省了不少钱。

买比较贵的东西，尤其是国外品牌的东西，做好前期功课很重要，特别是在网上购买，更应把功课做足，无论是价格，还是真假辨识等。如果随意购买，就免不了会吃亏上当。

方法之二：找国外网站，直接"海淘"

赵培鹏是一位高级发型师，服务对象是一些高收入人群，她除了技艺必须精湛外，提升自身品位、打造自身形象同样也很重要。所以，她会购买一些国际品牌的服装、香水等包装自己。为了降低成本，她便去网上买这些东西。可选什么样的网站才不会买到假货，价格又比实体店低呢？她选择在国外购物网站直接下单。

海淘，即从国外网站购物。国外有些购物网站，因为成立多年，且售卖的是本国商品，同样的东西，其销售价格会比在我国买便宜很多。若再遇到活动促销，比如美国的"黑五"打折促销，与我国的"双十一"性质差不多，价格又会便宜不少。此时购买，即使算上国际运费、税费，也比在国内专柜购买便宜。如果女性朋友想省钱，海淘是个不错的选择。

当然，自己海淘也不是那么容易，需要看得懂外语网站，可能还需要用外语沟通，有问题可以直接和客服咨询。另外一些网站限制购买，只能本国IP地址才能购买。遇到这些问题，我们该怎么办？现在出国留学或者生活的人比较多，找找身边有没有这样的人可以给你提供帮助。

方法之三：证据保留，好维权

再过1个月就是男朋友生日了，肖若兰很想把一款心仪很久的某国际知名品牌手表买来送给男朋友。于是，她通过一家购物平台找人帮忙购买这款手表。手表挺贵的，不是一笔小数目，她很担心万一收不到货怎么办？于是她留了个心眼，把当时与对方交易时的网页和相关交流文字等重要证据做了备份。没想到这些东西还真用上了，男朋友生日都过了，表还没收到。好在她保留了"维权"证据，如果对方再不发货或退款，她就可

以投诉解决。

国际大牌的价格一般都不低，而且是网购，互相见不到面，不是直接交易，可能就会遇到收不到货，对方又不愿退钱的情况。所以，网购国际大牌必须要谨慎，且要有较强的维权意识。对于一些购物证据，要学会"保留"，这样就不怕对方耍赖，可以购得"安心"。

拧水分巧节流，在预算中堵塞理财漏洞

女性要在做理财预算时学会节流以及筛选不必要的支出，这并不是件容易的事，其中，理智预算对堵塞资产流失和节流有很大的作用。在进行理财预算时，一定要从以下几方面进行控制。

第一个方面：控制固定支出，抓住源头挤出水分

在预算支出中，每月固定支出占很大比例，如孩子的学费、辅导班费用，如房租或者房贷，如赡养父母的费用等。这些固定费用从表面上看不可调节，因为"固定"两个字已限定。其实，没有什么事情是绝对的，即使是这些固定支出，如果抓源头，并在合理范围内进行控制，仍有水分可挤。

第二个方面：控制生活设施支出，杜绝浪费

生活设施支出也是开支中一个不小的部分，比如话费、水电生活缴费等，其实，做到对这些生活设施合理使用，同样可以节约一部分钱。打电话，借助免费网络拨打网络电话；使用电器，需开再开，平时可拔掉电源，不要长时间待机。

第三个方面：控制穿着支出，不为"面子"而丢"票子"

有些女性看到喜欢的衣服，不管质量如何，也不管价格多少都要买下

来。买回来发现，类似款式的衣服已经有好几件了，而且都没怎么穿过，甚至还有全新的，完全没必要再买。还有的女性，在穿着方面过度支出，超出了自己的消费能力，这也是完全不可取的。应在自己的消费能力之内，少而精地购买，既能提升自身穿衣品位，花费的总额也不会太高。

第四个方面：控制交通费用支出，不多花"冤枉钱"

交通费用支出在不少女性的日常支出中占不小的比例，仔细看一下，会发现其中一些费用是可以省出来。日常出门如路不远，不妨走着去，或坐公交、地铁去，不一定出门非得开车或者打的，这样本可少花或不花的钱，因自己想一时偷懒，就白白浪费掉了。

第四篇

生活废物巧利用，让垃圾也能变成宝

生活中会产生不少废物，比如过期牛奶、喝剩茶水等，人们往往都会倒掉或是扔掉，这就是浪费。在生活中，不少废物实际上可有效利用，变废为宝。现不妨教你几招。

招数之一：剩面粉擦水龙头

水龙头变黑不再光亮，只要先用面粉擦拭，再用湿抹布把面擦净，水龙头就会亮晶晶。

招数之二：土豆皮去除茶垢

把切下的土豆皮放入积有茶垢的茶杯中，倒入热水放几分钟，然后倒掉土豆水，并用清水进行冲洗，这时，很容易就能清洗掉原来茶杯中的茶垢。

招数之三：剩茶水擦玻璃

剩茶水可充当玻璃窗户清洁剂，只要拿茶水再兑一些清水倒入喷雾

器，再找张旧报纸，边喷边擦，很快玻璃就会变得干净明亮。

招数之四：锡箔纸磨剪刀

剪刀变钝，只要找三四张锡箔纸叠在一块用力去剪，重复多剪几次后，剪刀就会变锋利。

第十七章

用"活"信用卡，
不做"卡奴"

第一篇

玩转信用卡，刷出幸福新生活

想买辆汽车代步，钱不够；偶尔想买个名牌包包，价格不菲；想看场电影，票价太高……

不少女性都会遇到这些事，但不能因为这些"外因"，自己就什么愿望都不能实现吧？其实，这些都不是什么难事，只要能玩转信用卡，好好利用信用卡就能让不同类型的女性轻松搞定这些问题，乐享幸福新生活。

不同类型一：月光女性，刷卡买影票半价搞定

张秋晶工资不高，但又特爱花钱，每月没到月底，钱就被她花光了。最近她手头紧，却有一部非常想看的3D电影在当地几家影城上映，看到每家影城都差不多高达50元的票价，她真有些舍不得，但为了能满足愿望，还是狠了狠心，决定选一家影城去看。在买电影票时，她顺便问了一句，信用卡有优惠吗？没想到，还真有！××信用卡付款能打5折。这可把她乐坏了，无意间一句话竟让自己省下一笔钱。这次之后，每次付款她都会问一下有什么信用卡有活动。

不少银行的信用卡兼具优惠卡功能，不仅在一些电影院刷卡购票看电影打折，在一些商场同样也可享受打折。所以，对于持信用卡的女性，想看电影或购物时，最好多问问、多选择，看哪家刷卡有优惠，选到"优惠"对自己就是最大实惠。

不同类型二：候鸟女性，分期付款汽车开回家

任秀婕属候鸟族，住在城郊，每天乘公交车到市里上班，她现在很想买一辆私家车代步，不想再挤公交车。可作为白领的她，虽每月收入不低，可积蓄离买一辆15万元的车还有一段距离。这时，她一个银行工作的闺蜜建议她采用信用卡分期付款来买车。她听从了建议。你还别说，信用卡分期付款买车的审批时间短，不需担保，方便快捷。就这样她很快就拥有了心仪的车，实现了自己的愿望。

现在多数银行信用卡不仅购车可以做分期付款，还有很多正规网上商店购物同样也可做分期付款，所以，持有信用卡的女性如果"缺钱"，不妨利用信用卡分期付款功能巧解困。尤其对想买车而又缺些钱的候鸟类型女性，信用卡分期付款无疑是一项不小的"福利"。

不同类型三：辣奢女性，联名卡买单"奢品"到手

张伊倩是那种追求品牌时尚奢侈品的辣奢（来源于英语"Luxury"，音译，意思是奢侈、豪华）类型女性，购物买品牌永远放在第一位，为买到某品牌包包，甚至会省吃俭用一个月。尽管她是收入较高的白领，时时都是用名牌，但她有时连100元也拿不出，这种外表光鲜的生活，她也不想继续，可购物追求品牌的强烈欲望让她欲罢不能，而如果这种现状不改变，"苦日子"就没有尽头，她想试着改变，可一直没找到好对策。这天，她到某银行办事，没想到银行正新推一种适合她这种辣奢型女性使用的联名信用卡，也就是商家和银行联手推出的既有免息期又可享受折扣的信用卡，她正好够条件，于是便申请了一张，让她没料到的是，这张"卡"对她以后的生活提供了很大帮助。控制不住购买"品牌"

欲望时，她尽量采取刷"卡"支付方式，如此一来，她不仅可以不用现金支付，有时还可享受到超低折扣，一张联名信用卡到手，让她享受实惠的同时，还解决了生活拮据的难题。

现在银行针对不同顾客的需求，推出的信用卡可谓种类繁多，如专门针对女性的信用卡、航空相关信用卡、汽车相关信用卡，以及百货商店的联名信用卡等，其中百货商店的联名信用卡最适合辣奢类型女性，不仅能满足她们的购物需求，可先消费后还款，而且还有打折优惠，如农业银行金穗京华城联名信用卡、浦发银行新一百联名信用卡、招商银行ELLE联名信用卡等。辣奢类型女性想改变"拮据"生活现状，就应考虑办一张或多张适合自己的联名信用卡。

第二篇

掌握最佳妙招，从信用卡中挖财富

时下，信用卡理财功能被越来越多的女性认可，办卡女性与日俱增。但如何才能让信用卡给予自己最佳理财帮助，并从卡中挖掘到更多财富呢？很多女性并不一定了解。基于这些，笔者介绍几大妙招，以供参考。

妙招之一：三卡交替用，获免息借款

董婉香的日子一直过得比较滋润。可当她买了一辆私家车后，好日子就被彻底打破，每月除了需要还2000元车贷外，油钱、保养费等也是不低开支。此时，她甚至觉得买车是错误的，一个在银行工作的闺蜜提出了一个好建议，她的"难题"便迎刃而解。

闺蜜建议她到不同银行分别办理账单日为每月5日、11日和月底的三张信用卡。然后通过交替使用，便可天天享受银行小额免息贷款。在每月6日到12日期间，先刷账单日为5日的卡，得到最长的免息期；在12日到30

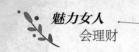

日期间，则刷账单日为11日的卡；每月1日到5日，就刷最后一张卡。

按此办法，她每月大额消费便成功地分解到了近3个月的时间里。这样她的压力便减小了，日子又开始滋润起来。

使用信用卡时，如在账单日的第二天开始消费，就能享受到最长50多天的免息期。由案例可见，董婉香这样办信用卡，通过交替使用渡过"难关"的方式很管用，所以，有类似情况的女性可学着去做。只不过，信用卡一多，这些卡的记账日、还款日就很容易被搞混，因此，必须制作一张明细表，把每张卡的账单日和还款日记清楚，以作备查。

妙招之二：代他人消费，拿卡来生钱

焦美盈经常参加闺蜜、同事之间的AA制聚会，工资并不很高的她却从没遇到过缺钱窘境，小日子过得有滋有味。难道她有什么秘诀不成？有，那就是手中的信用卡。

原来，每次参加聚会，在结账时，她会主动要求埋单。这可不是因为她出手大方，而是她先用信用卡结账，其他人再把钱给她。这样做，她不仅可"免费""借"到现金，还获得了不少信用卡积分，而这些积分还可从银行换到不少小礼品呢。很快，越用越精的焦美盈利用信用卡理财已不满足于此，碰到闺蜜、同事有大额购物，若她们没用信用卡的，焦美盈会主动要求陪同，目的不是别的，就是用自己信用卡代付款后，再从闺蜜、同事那拿现金。对此，她很得意，信用卡取现可是要手续费和利息的，而这种方法却一分不用就从银行"借"出现金来。

现在，办张信用卡进行消费，充分享受信用卡免息优惠的女性不少，但像焦美盈这样会理财的却不多。当然如果想要像她那样专为朋友埋单，以此来向银行"借钱"，其实也非易事，因为不一定经常有拼餐聚会自己是主角，身边也不会时时都有大额消费而又没信用卡的朋友，所以，这一理财妙招只对特定的人和特定的环境有用。

妙招之三：买货币基金，用卡钱赚钱

今年3月，高恋花到银行办理存款业务时，看到该银行大力促销先消费后还款并有免息期的信用卡，有些心动，于是就申请了一张。

当拿到信用卡后，精明的她很快便挖掘到了获"利"新途径。她的做法是：每月发薪后，留足备用金，剩余的钱用来购买货币型市场基金，平时开销尽量通过信用卡来"付费"，而货币型市场基金赎回日定在信用卡还款日前一天，这样就能用赎回货币型市场基金的钱去还信用卡的钱。虽然目前货币市场基金收益率不是太高，但比起银行活期储蓄存款收益还是会高几倍，如此一来，高恋花可从中赚到差价，间接用信用卡获了"利"。

高恋花这种巧借信用卡间接获"利"的方法很不错，但反过来说，投资基金毕竟会有风险，即便是货币型市场基金也同样不可避免。因此，对那些想用这种方法理财赚钱的女性来说，一定要注意控制风险，同时也要考虑到自身偿还能力和信用卡消费额度，以避免因偿还能力不足和透支金额超过信用额度，被银行收取不菲罚款，最终钱没赚到，还要倒贴。

第三篇

远离"超额"刷卡消费，三大狠招轻松搞定

俗话说，过日子要花钱有"度"。基于这些，女性在刷信用卡时一定要刷得有度，不至于"超额"，自己还不起款，否则，日子就不好过了。那如何才能做到？笔者提出三大狠招帮女性轻松搞定。

狠招之一：实时免费查询，及时掌握消费情况

钱媛静是个购物狂，自从办了某银行的信用卡后，就更疯狂了，手里没钱还可透支花。但每个月刷了多少，是否"超额"，自从该银行500元以下的刷卡交易不再短信通知后，她就没法掌握刷卡消费、透支额度的情

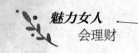

况了。如何避免"超额"刷卡呢？

想要知道刷卡后卡内透支多少，额度还剩余多少，虽然现在短信通知收费了，但可以免费查到的渠道还有不少，如开通银行的手机银行、关注银行的微信公众平台等都可查到。通过免费查询，照样能及时掌握信用卡透支情况，就可做到合理透支。

狠招之二：做好消费计划，在控制范围内刷卡

现在说起信用卡，多数爱消费的女性都有一张或多张。智巧茵也跟着信用卡达人朋友到某银行申请了一张，她的信用卡透支额度并不是很大，但基本上能应付日常消费。消费了几回后，她有些担心，自己的卡额度不高，生怕这个月刷卡消费超出限额，万一某天到超市购物时没带现金，岂不是就买不了东西了？那如何才能避免出现这种意外，甚至出现"超额"刷卡情况呢？

为避免每月信用卡透支消费"超额"，持卡女性可提前定好消费计划，把每期预计消费账单金额都合理控制在信用卡额度范围内，并尽量缩小，比如1万元的卡，消费计划最高定在8000元或9000元。这样即使消费小有突破，也一般不会出现"超额"情况，让女性持卡人刷卡放心，消费安心。

狠招之三：遭遇大额消费，提前申请临时额度

最近家里装修，要花钱的地方比较多，高卓敏打算趁着最近商场活动把家里需要的电器都买齐，这样也能省一笔钱。可跑了几次商场，发现要买的电器加起来的费用超过了信用卡的额度，手上的钱还要留着装修，以备不时之需。电器的优惠活动就这几天，过段时间买的话，价格又会贵不少。这可怎么办呢？

对于信用卡的透支额度，银行通常会给两种，一种为固定额度，一种为临时额度。固定额度是拿到卡时银行授权给持卡人的透支额度；临时额度是固定额度不能满足消费需求时，可向银行申请临时额度，核准后立即

生效。临时额度在一定时间内有效，超过期限自动恢复到原有额度。基于可申请临时额度，如果遇到近期有大额消费，而固定额度又不足的情况，不妨提前做准备，向银行申请临时额度。

第四篇

跳出信用卡常见误区，规避不同损钱行为

现在，有不少女性一刻也离不开信用卡，只要能刷的地方，一定会刷、刷、刷。因对信用卡过分依赖，在使用过程中和使用后还款等过程中难免会出现认识误区，最终因错误行为导致经济损失。那常见误区有哪些呢？

误区之一：信用卡当储蓄卡，存款有息取款没费

周紫依在银行看到搞信用卡办理的促销活动，便申请了一张。她想，这种卡既然能够先消费后还款，一定也能当储蓄卡用，真是一举多得。收到卡后，她便把自己的1万元积蓄存了进去，几天后，正好妹妹过生日，她想送妹妹一个2000元的学习机，可当时店里不能刷卡，她只好从卡上取了现金支付。但是，当她次月收到信用卡对账单时却发现账单上有一项"溢缴款手续费"，按照取款额5‰收取10元，并且她还发现存款没有结利息，怎么回事？带着疑问，她打通了银行信用卡客服专线，经咨询得知，信用卡确实对存入的多余款不支付利息，当取多余款时还需缴纳手续费。这时，周紫依一下醒悟过来，原来信用卡当储蓄卡用是错误的。

女性信用卡持有人必须要明白，信用卡的功能主要是借款，而不是存款。所以，信用卡不能当储蓄卡使用，也就不会有利息产生了。而在借款时（指刷卡消费）会有一个免息期，如果免息期内没有归还借款，则按日收取万分之五的利息。至于想要取出多存入的款，现在有的银行收取手续

费，而有的银行不收取，这需要女性持卡人在办卡时问好，以免真的误把钱多存入卡。如是收费银行，一旦支取就要支付费用。

误区之二：还款时留有"零头"，利息不多没有关系

丁素荣看上一款新上市的3688元的智能手机，当时是刷信用卡进行支付的，但还款时她忽略了8元零头，没有还清。过后她认为大数已还了，零头不还应该关系不大，可当她次月收到对账单后，惊讶地发现：账单上显示本期账单金额除忘记还的8元外，还多了几十元利息，她计算后大吃一惊，8元未还清，银行是按3688元计息的，她有些弄不明白了，这是怎么一回事？后来，经咨询得知，信用卡消费后逾期没能还清所有欠款的，银行则要按全额欠款来计收利息。

使用信用卡，女性持卡人就必须弄清收费项目，以杜绝"无意"被多收费。要求本期还清的欠款最好全部还清（当然现在也有少数银行已取消信用卡部分还款逾期而全额罚息），想查清所欠款项，可通过自动取款机、手机银行等多种渠道。当然，想完全避免发生丁素荣这样的事也有"诀窍"，就是在信用卡申办银行另办一个储蓄卡，并将两张卡做关联，同时把这张储蓄卡作为自己日常活期存款卡。如此一来，只要储蓄卡中有钱，遇到信用卡该还款时，银行就会从中"自动扣划"进行归还，有效避免因失误造成的损失。

误区之三：消费50天内还款，利息都能全部免掉

仇怀珠在银行朋友推荐下，申请了一张有50天最长免息期的信用卡。收到卡后，她每次购物都会通过刷卡透支消费来搞定。现在不用花现钱，工资在短期内还可以干点别的。但在消费几个月后，她发现每月都会有几笔超期消费未还款，让她不得不支付"多余"利息。可事后，她又发现已"付息"的那些消费都是在距免息还款日50天内进行的，那为什么就不免息呢？她很烦恼，又不理解，后经咨询得知，原来是她用信用卡消费时，没有计算好消费免息期。

那究竟信用卡消费免息期是如何计算呢？例如，账单日为每月1日，而还款日为每月25日，如果是在5月2日，即账单日第二天消费了10000元，那这笔消费款肯定记不到5月1日账单上，只能记在6月1日账单上，最迟还款日则为6月25日，这样就会有50多天最长免息期；而如果是在4月30日，即账单日前1天消费了10000元，那这笔消费款肯定只能记在5月1日账单上，最迟还款日则为5月25日，这样就会只有25天，即最短免息期。

误区之四：只归还最低还款，一样还会享受免息

彭泰兰上月竟用信用卡消费了5000元，但因工资没发，她一时没法及时全部还款，正在她一筹莫展时，竟意外发现账单上本期应还总额5000元下方，还列示着本期最低还款额500元，她想：这是不是说，按最低还款额标准还款后，其余欠款仍继续享受免息期待遇，可以等到下个还款日再偿还？按着自己想法，她只归还了银行500元，剩下欠款准备下个还款日再归还，可没想到得是，下个还款日时按自己想法还清剩余4500元欠款后，她发现账单上仍有几百元欠息，她有些搞不明白。经咨询，原来是因为在还款时只偿还了最低还款额，导致免息期待遇取消，进而造成银行要收取未还款额的"贷款"利息。

如果持卡人在归还信用卡透支消费款时，以为只要归还全部应还款的10%，也就是最低还款额后，余下款未还仍可享受免息期，这就大错特错了。如只偿还了最低还款额，免息期待遇就会被取消，因此，持卡人在偿还信用卡欠款时，千万不能被"最低还款额"所误导，应理性控制自己的财务支出，应及时全部归还欠款，以免身陷信用卡高息"陷阱"。

第五篇

信用卡分期付款，识破暗礁避伤财

不管是电子商务平台，还是线下实体店，大到冰箱、彩电、笔记本电脑，小到豆浆机、微波炉等，不少商家都推出了购物分期付款计划，以刺激消费。于是，不少银行也紧跟潮流，顺势推出了信用卡"免息"分期付款。但银行这种"利好"只有实惠吗？不！其中藏有暗礁，不小心可能就会让女性伤财。主要有四：

暗礁之一：免除利息，并不等于同样免费

于红琳上班单位太远，所以她想买辆价值10万元的私家车代步，但她手上只有6万元，还有4万元缺口。正好她刚办了一张可透支消费5万元的信用卡，而这家汽车销售公司允许做信用卡分期付款，因此，她便选择分18期还款，但在做分期付款时，因为她不太懂此业务费用，便向工作人员了解情况，没想到，费用居然超过5000元。

信用卡分期付款也属透支消费的一种，因此在正常期内，持卡人是不需缴纳利息的，但免除利息并不等于没有手续费。就信用卡分期付款而言，银行一般都会收取手续费，正常有两种方式，一种为首期一次性收取，另一种为分期等额收取，并且收取费用还不低。

暗礁之二：分期付款，并不等于没有滞纳金

卢邵珊是一名摄影爱好者，在某数码城通过信用卡分期付款方式购买了一款2万多元的相机，但到了第1期到期还款时，她工资还没发，她想着分期付款不是免息吗？那就等工资发下来再还吧，她就没把还款当回事，可等她工资发下来还款时，她发现分期付款因第1期到期后没及时还已产生滞纳金。她有些蒙了，这究竟是怎么回事？

不少做分期付款的女性持卡人，往往会误以为分期付款就不会产生滞

纳金。实际上，滞纳金和免息是两个概念，免息是免除分期利息，滞纳金并不在免除范围内。对滞纳金的收取标准，银行都会有明确详细的说明，只是当事人没在意罢了。

暗礁之三：分期不同并不等于费用一样

陆小慈是一位作家，为写作方便，她用信用卡通过分期付款的形式购买了一款笔记本电脑。她知道信用卡分期付款有手续费，但分期时间不论长短，手续费是不是都一样，她却不知情。经过了解，她终于明白，分期付款手续费是按期进行计算的，分期付款时间越长则手续费越高。

对分期付款，很多女性持卡人觉得，分期付款时间越长，自己还款压力就会越小，这是正确的。但同时也要明白，分期付款手续费和分期时长有关，分期付款时间越长，则手续费就会越多。因为银行按月收取，时间越长，收取手续费比例也会越高。

暗礁之四：提前还款，并不等于就可以退费

游睿芬重新装修房子后，想把电视和冰箱也换一换，电视换个尺寸大曲面高清的，冰箱换个无霜双开门的。正好她申请了一张5万元额度信用卡，所以，她决定通过信用卡分期付款的方式购买。这样一可减轻缺钱压力，二可让信用卡派上用场，至于手续费，选了期限较长的12期，她想：尽管手续费多一些，但没关系，如果有钱提前归还了，后面那些期的手续费也不用再交了，再说选12期还钱压力会更小。你还别说，到了年底，公司真给她发了个大红包——年终奖1万元，正好可以把她剩余5期分期未还款全部还掉，于是，她选了全部归还。没想到，银行收取手续费不是按提前还款期限收取，而是按全部期限收取，游睿芬傻了眼，虽然她提前还了款，可手续费并没减少。

信用卡分期业务手续费的收取有两种，一种为首期一次性收取，另一种为分期等额收取。如是首期一次性收取的，就算持卡人提前全部还款，对已入账手续费，银行是不会退还的；而分期等额收取的，银行按月等额

进行收取，一旦要提前全部还款，对于剩余各期手续费，多数银行也会在最后一次全部还款时一次性收取。当然，也有极少数银行对提前还款的，免收剩余各期手续费。

第五部分

风险防范、
保险保障

| 第十八章 |

绕开商家陷阱，
不花冤枉钱

第一篇

消费悠着点，看穿商家"套路"并不难

购物可以说是很多女性生活中的重要组成部分，但是，即使是有非常丰富的购物经验的女性，有时候也很难逃过商家的套路。有的商家会搞一些具有忽悠成分的优惠活动，女性一不小心就中招了。那商家忽悠消费者时存在哪些"套路"呢？笔者总结如下，以提醒大家。

套路之一："买小送大"，带有附加

有次，吕泽燕在商场看到商家推出"买小送大"活动，买300元就送500元消费券，会有这样的好事？她毫不犹豫地买了300多元东西，得到了500元购物券。可拿到券后，她傻眼了，商家给她的是5张100元券，并且如果想使用，需要达到一定条件：每次消费500元才允许用1张券，这样算来，她要想用掉这500元券需要再花费现金2000元，这代价也太高了。

实际上，这是商家为吸引顾客继续消费的一种促销手法，本来没有消费需求，但是女性受到了活动的诱惑，又再次消费，本意是想省钱，最后却多花了不少。建议各位女性朋友在买之前，先问清楚赠送的是什么，有

什么使用要求，以免买后发现上当了。

套路之二："满百就减"，需要凑数

一次，宫雅芝看到某商家搞"满百就减"的促销活动，她有些动心，在店里左挑右选，最后她却只选了60元的东西。为了能够享受优惠，她又强迫自己随意挑选了一些不是特别用得着的东西，总算凑够了100元，最后商家给她返回10元现金，也就相当于商家给她打了9折。走在回家的路上，她算了算账，觉得好像没占到便宜。虽然商家给自己优惠了10元，可自己却又多付出30元代价，买回些根本没什么用的东西！

面对商家的这种促销活动，女性应保持理智，不应为了达到满减要求而去凑数。笔者在这些搞"满百就减"商家处还发现一种怪现象，搞这种促销活动的商家，一般他们的商品标价尾数大多都带有9，比如89.9元、99.9元、169.9元或299.9元等，女性想要找合适凑单的商品很难。最后，女性为了凑成百元，会花更多钱，而凑单买的东西往往又不是自己需要的。这样，无形中就让自己多花了钱，以为享受到了实惠，实际上变成了浪费钱财。

套路之三：均一价格，价非都"低"

张慧香到超市购物时，经常会看到商家把一些五花八门的商品堆放在一块，以一样的价格来出售，其中有些还是自己熟悉的商品，统一价格出售后，价格没有涨，反而还有所下降。这时她都会动心地挑选几件，觉得自己捡了便宜。真是这样吗？

实际上，这些均一价格商品不见得都是便宜的，商家往往是把离均一价格比较近的一些商品放到一起，有的比原价高，而有的则比原价低。如果女性因为看到自己熟悉的商品价位偏低，就认为均一商品价格都偏低，那就错了。商家这一做法就是让女性忽略一些"低"价商品，使低价商品被当成"高"价商品卖。因此，遇到这种出售商品的情况，女性一定要有正确认识，并非每件商品都物超所值，该买时才买，一定不能有捡便宜

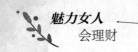

心态。

套路之四：限时秒杀，欲购从速，调高原价假实惠

李娇每到618、双十一、双十二等购物狂欢节就喜欢囤货，看到各种原价599，疯狂秒杀价只要299的商品，就会忍不住下单。秒杀价真的比平时低吗？不尽然。

现在越来越多的购物狂欢节、每日整点秒杀，无时无刻不在觊觎着女性的钱包。那么问题来了，所谓秒杀价真的是商家在让利，给买家实惠吗？不见得！如何避免各种秒杀套路呢？做好购物计划，将物品提前放入购物车，这样在购物节秒杀时，才能一眼看穿秒杀价是否真的比平时便宜。

第二篇

商家乱花迷人眼，莫把"陷阱"当"馅饼"

一些不良商家为达到销售商品的目的，会不惜一切代价挖出各类"陷阱"，并且新陷阱层出不穷、花样翻新，最后坑了女性，商家得了实惠。为避免女性再次被商家忽悠，下面把商家常设陷阱呈现在广大女性面前，并巧支破解高招。

陷阱之一："三无"产品当赠品，绑定销售忽悠人

前几天，孙妙珍到某超市购物，某品牌纯奶正在搞促销，买一箱送精美塑料杯一个，她本就喜欢买纯奶，觉得有"利"可图，便冲着赠品买了该纯奶。可是，当她回家拿出赠送的杯子，却发现杯子有浓烈的劣质塑料味道，简直令人作呕。她细看杯子外包装盒，无厂家、无厂址等，纯属"三无"产品。在万般无奈的情况下，她只能把赠送的塑料杯扔了。

在购买商家有赠品的商品时，一定不能冲着赠品而去，主要关注点还

应是商品本身，看商品是否是高质量，是否是最新日期，而非临期产品。并且要考虑自己是否真正需要，价格是否合理，如果这几点都具备，再考虑免费的赠品。如果真是冲着赠品去的，那就需要看清赠品是否为"三无"产品，在保证质量的前提下再下手。

陷阱之二：明看优惠给打折，实际暗中抬高价

吴依莲在数码城看到一款单反相机正在搞8折促销活动，作为摄影爱好者的她，对某款单反相机已心动很久，但她觉得价位有些高，还想逛逛别家再买。但商家跟她说，这是最后一天搞打折活动了，过了这个村，就没有这个店，不会再有这个价了。听商家这么说，她便不再犹豫，直接拿出信用卡刷卡进行了支付。没想到半个多月后，她发现另一家店出售的和她购买的同品牌同型号单反相机，竟比她购买打折后还便宜400多元，并且对方告诉她说，半年多了，就是这价，她听后心里很不开心，自己竟然被前面那商家黑了。

现在，很多商家为了让商品卖得好，就会人为制造卖点，为能获取更多利润更不择手段，上述典型案例是商家明打折却暗抬价。其实，对消费者来说，购物时遇到这种情况应保持冷静，并做到明辨是非，必须弄清商家究竟是真打折，还是假打折。最好多跑几家，比较后再购买，这样就不容易受骗。

陷阱之三：优惠办卡力度大，其实"阴招"暗中藏

方媛媛是健身爱好者，半年前市里新开一家健身俱乐部，这可把她高兴坏了，而更让她高兴的是，该健身俱乐部为了吸收大量会员，开出了特别优惠的办卡条件：交2000元，享8折；交5000元，享5折，每次消费从卡中扣除；交1万元，便可成为终身会员。她想如果办张"终身会员卡"对自己是不是更有利，只要花1万元，天天都能锻炼。于是，她便办了张"终身会员卡"。可没想到，3个月后她就高兴不起来了，老板卷款潜逃了。最终，她还没享受多少优惠，1万元便打了水漂。

对付这类奸商，最主要的还是消费者要谨慎行事。办卡时就应想到，如果对方倒闭了、如果对方卷款跑了，自己的钱就可能白费了。因此，在办"优惠卡"时需多掂量，如果办卡金额较高，最好不办，可能存在陷阱，即使没陷阱，时势变化很大，不确定因素难料。总之，办卡前要有充分的心理准备。

陷阱之四：凭票抽奖，大打折，实则高价卖劣货

李菲经常去超市购物。某次，看到超市出口搞活动：凭购物小票可抽奖，抽到几折便可以几折的价格购买专柜的玉石饰品。李菲顿时心动了，拿着购物小票去抽奖，没想到一下抽中2折券，可以2折购买他们专柜的任意饰品，最后花了300元买了一个原价1500的玉石吊坠。李菲真的赚到了吗？

这种情形，冲动过后，往往都会自己清醒，知道自己掉进了不良商家的陷阱。抽奖箱里的奖券往往都是低折扣的"大奖"，而所谓低折扣卖给你的商品，也都是劣质商品。

第三篇

超市经营暗藏"猫腻"，购物谨防花冤枉钱

逛超市购物是很多女性的爱好，但大家是否知道，在自己逛超市购物时，超市经营者已经给大家藏了不少"猫腻"，可以说是防不胜防。那超市究竟有哪些"猫腻"呢？下面一一来揭开。

猫腻之一：最容易拿到手的是最想卖的产品

在超市购物，最容易触及到的一般都是对方最想卖的，而这些商品往往利润比较高。所以，女性费一费事，掂一掂脚，也许就能选到价格比较合适的商品。

猫腻之二：新鲜东西，往往都放在最里面

超市在货架摆放货物时，特别是食品类的，一般日期越新鲜的越是摆在里面，而临期的摆在外面。这样新的不会过期，而旧的又容易被买走。所以，女性在超市购买食品类商品时，不妨往里掏掏，那可能买到的就是日期最新鲜的。

猫腻之三：买一赠一商品，多数暗藏玄机

经常看到超市搞买一赠一活动，买大瓶装奶送小瓶装奶，这往往都是对方推销临期奶的策略，如果买回去没及时喝，很快就过期了，只能倒掉。所以，对超市买一赠一活动，需有所警惕，应按"需"购买，不要图便宜而大量购买。否则买回去一部分可以"消化"，剩下一部分还得扔，那就得不偿失了。

猫腻之四：特价区商品，存"浑水摸鱼"现象

一些超市为了"暗销"一些高价商品，故意在特价区摆上高价商品。女性如果没注意，本来想买特价商品，可能最终买了高价商品。所以，对于特价区售卖的商品一定要看好价钱，并且在结账后核对购物小票，如果有质疑要当场提出。如果真是高价商品，则采取退货处理，避免高价支出。

猫腻之五：大包装产品，不比小包装实惠

在超市购物，女性往往认为无论买什么东西，大包装都比小包装实惠，其实不一定。有时小包装换算成大包装后，反而会比大包装便宜。以某超市同品牌同质量洗洁精为例：净含量1.25千克的每桶为10.8元，而净含量500克（0.5千克）的每瓶为3.5元，如果买3瓶（小包装）则净含量为1.5千克，价格则为10.5元，很明显比桶装（大包装）便宜，小包装更实惠。所以，女性在超市购物时，买大包装，还是小包装，不妨换算一下。

猫腻之六：大卸八块水果，通常"来历不明"

女性到超市购物时，经常会看到超市经营者把多种水果切开拼成新果盘进行销售。女性可能认为，这是对方销售水果的一种新手段，其实，多数时候并不是，而是因为一些水果已经部分烂掉，如果卖肯定没人买，但是做成果盘，却可能卖出高价钱。所以，到超市买水果，最好买完整的水果，拼盘水果最好别买，除非是你看到对方用新鲜水果拼成的果盘。

第四篇

网购骗术无孔不入，揭开其神秘面纱

时下，网购成为女性一种时尚购物渠道，不仅方便、快捷，而且价格公道。但当女性在享受这些实惠的同时，骗子也开始行动起来，让女性很难防范。为防止女性被骗，现一一来揭开骗子骗术的神秘面纱。

面纱之一：评价不真实，好评刷出来

女性到网店购物，多数都会以其他顾客的评价作为参考。所以，骗子卖家便花钱请人帮忙刷好评，这样一来，如果女性单单相信评价，在网购时很容易受骗，而无法买到自己称心如意的商品。对于好评，女性最好慎重对待。

面纱之二：价格出奇低，以次充好

女性在网店购物时，发现有的网店从网店公布的信息来看，和别的网店没有多大区别，但在价格上却出奇的低，所以免不了会很想出手购买。对于这些，女性也应慎重，天上不会有掉馅饼的好事，这里往往藏有猫腻。除非是卖家真的搞特价优惠促销活动，否则多数都是卖家以次充好进行销售。

面纱之三：图片用假图，货物不对板

女性在网店看到的图片很诱人，对这一点，同样也要有防范之心。不少诱人图片背后可能是陷阱，看到心动照片，女性应先和卖家沟通、咨询，全面了解商品，在摸透商品的情况下再考虑出手。如果盲目出手，可能会买到不对板货物，即使可以退货，也增加了很多麻烦。

面纱之四：发虚假链接，让顾客中"毒"

有时，女性想通过网店购物，卖家会提出帮助客户找链接。对于卖家这种热情"服务"，女性要多留个心眼，也许这是骗子卖家盗取账户的木马病毒。对这种链接，女性一般不要轻易点击，特别是未经认证的新卖家，更要当心。

面纱之五：支付找借口，要求直接转

当女性在网上购物时，骗子卖家会以支付出现故障等理由，让女性直接把购物款转到他们卡上，对于卖家提出这种付款要求，女性应该毫不犹豫地拒绝。

| 第十九章 |

慎防理财猫腻，
练就识诈的火眼金睛

第一篇

个人账户管理新政实施下，巧识骗子诈骗新花样

央行实施个人银行账户管理新政，如个人银行账户实行分类管理、ATM等自助设备向他人转账24小时到账等，这对打击电信诈骗起到了积极作用。但新政实施后，诈骗分子也想到了新的诈骗对策，很快推出诈骗新花样，让女性防不胜防。现总结如下，以引起警示。

新花样之一：声称额度用完，钱转你的卡用你的卡帮取现

新政以后某天，宫珠静去某银行ATM取款，正准备离开时凑上来两位不认识的男青年，声称他们的银行卡取现额度已用完，希望她帮个忙，他们把钱转到她卡上后，用她的卡代他们把转入的钱取出。宫珠静因不了解新政，在对方再三恳求下答应帮忙，但在为对方取钱时，多了个心眼，有意查了下自己卡账户余额，看到余额并未增加。她告知对方自己并未收到转款，随后便电话咨询银行客服得到回复：ATM等自助设备给他人转款24小时后才会到账，并可撤销。她瞬时惊出一身冷汗，让对方撤销转款，拒绝了帮他们取款。

新政实施后，在银行ATM等自助设备转账，如给本人转账则实时到账，给他人转账则24小时后到账，并且在24小时内可撤销交易。骗子正是抓住这一不能及时到账又可撤销规定实施诈骗，遇到上面这类事，当事人一定要谨记，只要你的卡里没收到钱，就不要把钱付给对方，这样便可有效避免钱财被骗情况的发生。

新花样之二：往账户上转账变为采用现金无卡存款

新政后一天，陆清月接到一个外地电话，对方声称是她女儿的×老师，她女儿被车撞了，正在医院进行急救，急需2万元，让她赶快把钱存到一个银行卡账户上，并反复叮咛她，不要通过银行ATM等自助设备转账，必须用现金存入卡中。虽然陆清月的女儿在外地上大学，但从没听女儿说过她老师当中有个×老师，觉得有些蹊跷，挂断对方电话后，便赶紧给女儿打电话，但女儿电话一直关机打不通，正准备放弃，打算用现金给所谓的×老师卡里存款时，女儿电话打通了。女儿告诉他，根本没这回事，她的电话打不通，是因为上课她把手机关了。好在有惊无险，陆清月差点被骗。

新政实施后，如是无卡存款用现金存，不管选柜台，还是选银行自助存款机仍可实时到账，所以骗子继续抓住现金往卡里存款仍可实时到账的特点。在行骗时特意强调必须现金存入，受害人一旦采取这种方式给对方存钱，钱会立刻进入骗子账户，受骗者就失去了反悔权。因无法撤销交易，钱就真的会被骗走。遇到这类情况，当事人一定要多留个心眼，特别是强调用现金存款的，更要注意，以防上当。

新花样之三：告知归并升级，为保安全钱转他人卡

新政后不久，廖泽颜手机上收到这样一条短信："根据央行规定，每个人在同一银行只能办理一张I类卡，现在××××银行已经查实，您在我行有多个I类卡，即日，我行系统要对同一人账户归并升级，为了保证您的账户资金安全，请将您正在使用的I类卡的资金尽快转入我行账户

名×××、账号621……账户中，待系统升级完成后，您的资金将通过原渠道返回您卡中，谢谢合作！××××银行通知"。对廖泽颜来说，她记得自己只在××××银行开过一张银行卡，应该不存在有多个I类卡情况，她对这条信息的真实性存疑，但对自己卡内资金安全她也心存顾虑。所以，比较理性的她没有按对方要求将卡里钱转入对方账户，而是专门去××××银行进行了咨询，银行工作人员告诉她，无论哪一家银行都是不会发这类信息的，这是一条诈骗短信，请不要相信。廖泽颜这才松了口气，好在自己只在该银行办过一张卡，如果办过多张，说不定就会受骗。

新政实施后，确实规定同一人在同一银行只能办一张I类账户卡，但对已开立了几张I类账户卡的人来说，无论是账户归并升级，还是保证账户安全，银行绝对不会要求持卡人通过任何支付渠道，把钱转到他人卡上。遇到这类信息必须提高警惕，不需思索就可认定为诈骗信息，不要去管，否则可能就会上当受骗。如有疑虑可通过该行官方客服电话咨询，进一步确定短信真伪。

第二篇

网络"红包"疯狂抢，谨防背后有"阴招"

网络抢"红包"现在非常流行。然而，女性大呼抢"红包"抢得过瘾时，不法分子也开始乘虚而入，浑水摸鱼，利用女性这份抢"红包"的热情设置陷阱，实施诈骗。让女性一不小心就在抢"红包"时中了"阴招"，钱被骗掉、转走。网络"红包"疯狂抢，女性谨防背后有"阴招"。

阴招之一："大红包"诱导，链接钓鱼网

时下网络抢"红包"很流行，可陈楚洁还没有抢过一回。前几天，她刚打开某网站就弹出一个"大红包"的图标，并且"大红包"下方还写着

一行字："大礼回馈，先抢先得，你再不下手就晚了！"这可把她乐坏了，她也想试试手气，便直接点击"红包"。可点了后并没有领到"红包"，反而出现一个链接，让她输入银行账户、身份证号、手机号、短信验证码等信息，然后才可以提取红包里的钱，她照做了。几分钟后，"意外"就发生了，她不仅没领到"红包"，反而收到一条银行发来的短信，告知她银行卡内被转账2000元。这时，她才恍然大悟，此"红包"是钓鱼网站的诱饵。

对网页上弹出的不明来源的"红包"，女性不要轻易去点击，也许那就是个骗钱陷阱，是一个钓鱼网站的链接。女性一定不可贪图小利，为了能领到所谓的"红包"，被对方牵着鼻子走，对方要求填写银行账户、身份证号、手机号、短信验证码等信息就照做。如果真这么做了，那最终受害的还是自己，抢"红包"慎重为好。

阴招之二："送"抢"包"利器，软件植木马

李红霞听说别人抢红包是用软件，她也很想有一个这样的软件。这天，她登录手机QQ时收到一个验证留言为"抢'红包'利器"的好友申请。她想着对方会给自己介绍一款好的抢"红包"软件。所以，马上就给对方通过了验证。接着，对方就发来一条链接，并告诉她，她中了某某幸运奖，可免费下载抢"红包"内部软件——"聚红包"。李红霞很高兴地下载了。但想要使用软件需要绑定支付宝，她不假思索地照做了，在"聚红包"软件中输入了自己的相关信息。注册成功后，她想试试手，没想到却怎么也登录不进去。此时，李红霞已意识到有些不对，她赶紧打开支付宝查看余额，不看不知道，自己的3000多元已被全部转走。此时，她才知道所谓的内部软件是植入手机的木马病毒。

抢红包软件属于非法软件，软件内很可能携带木马病毒，不要安装在手机中，安装后个人账户安全无法得到保障。对所有不明软件都不要轻易下载安装，特别是一些不认识的人有意推荐的，并说明是很难得的。而下

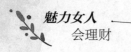

载安装后还必须绑定支付宝、微信账号等，且需输入本人相关信息才能使用的，更要谨慎对待。

第三篇

理财新方式层出不穷，慎防风险稳获"利"

现如今，随着理财方式的不断推新，女性有了更多选择，但只要是理财，都或大或小伴随着风险。这就给女性提出了新课题，对待新的理财方式，若要稳妥获"利"，该如何规避风险呢？现笔者提出如下防范措施。

新理财方式之一：投资P2P网贷

曹语婷手头有6万元钱，正因找不到好的投资项目苦恼时，她看到不少P2P网贷平台，其P2P理财产品不仅收益高，还承诺保证本利安全。她有些心动，便决定把这6万元投进去，闺蜜劝她还是考察好再投，当心血本无归，但她认为自己的决定不会有大问题。前几月，她的确按时拿到了利息，这让她很高兴。可是接下来，她没等来利息，却等来了该平台倒闭的消息，她的投资就这样血本无归了。此时，她很后悔当初没听闺蜜劝阻，没有仔细做好各方面"考察"工作，否则也不会出这事。

P2P网贷平台的上线，对不少女性来说是又多了一条投资渠道，这当然是好事。但P2P网贷平台因实力、管理等方面的不同，对女性投资人的资金安全性保障也有高有低。因此，为了女性投资人的资金安全，在投资P2P理财产品时，必须对投资公司的实力、管理等进行认真考察，对自己要投标的借款人的相关情况也应进行了解，了解得越详细，则资金越安全。

新理财方式之二：钱存电子"宝"

林艺萍发现，现在的理财方式可真多，想存钱，不是只有银行一条

路，还有其他方式可以存钱，既能达到存钱目的，又能获取高收益。最近，她将钱存在了电子理财工具——"余额宝"里，不仅起存金额低，而且收益高，同时，在网上购物时，还可直接用存在"余额宝"里的钱进行支付，真是非常方便。对于账户收益，每天都可通过电脑或智能手机上的相关APP直接查看。尽管"余额宝"有这么多好处，但她有时也会有些担心，毕竟是网上理财，万一有一天这个平台消失了或资金被盗了，那岂不就惨了。

现在，女性投资人可投资的电子"宝"有不少，"余额宝""定期宝""现金宝"等。如果说盈利能力，这些"宝"有挂钩货币基金的，有挂钩保险的，有挂钩票据的，盈利都相对有保障。若想"利用"这些"宝"赚钱，很轻松，通过网络就能"存"钱；但如果说风险，一般来说，推出这些"宝"的公司都有较强实力，资金安全有较强保障，风险相对较小，但来自网络的风险和女性投资人自身不小心泄密的风险就不可避免了。这需要女性投资人在平时用电脑或智能手机时，注意不要点击来历不明的链接等，以免手机中毒。

新理财方式之三：外汇保证金交易

熊君燕喜欢有风险的投资，前段时间，她听同事讲，现在不少人通过外汇保证金交易获利，也就是俗称的炒外汇。炒外汇是杠杆投资，风险大，收益也大。正好熊君燕手上有8万元，原本打算买个普通私家车代步，听了同事的"鼓吹"，她也想用8万元搏一搏。她想，如果运气好，说不准还可以用赚的钱买辆更好的车呢？所以，她很快便开了户。炒外汇确实刺激，赚或赔都是以自己所买金额的N倍计算，可因不懂相关交易知识、技巧等，没几天时间，她的资金便所剩无几。8万元的亏损让熊君燕真正感受了一把什么叫刺激，但8万元是她几年的积蓄呀。此时，她如同霜打的茄子，彻底蔫了。

外汇保证金交易是一项高风险投资，没有过硬的技术、丰富的相关知识，想通过交易获利比登天还难。也许有些女性投资人不懂外汇保证金交易技巧，也不了解相关知识，在短期内却也赚到了钱，对这点不要沾沾自喜，这种好运气是偶然的，不会持久。所以，要想做好外汇保证金交易，一定要注意学习知识、掌握技术、认识风险，更要把控风险，并且要做到不贪婪，在投资决策时必须果断，该割肉时就得割肉，该离市时就得离市。唯有这样才能把投资风险降到更低，进而通过外汇保证金交易赚到更多钱。

第四篇

投资理财，要学会躲开四大新"坑人损招"

投资理财的"坑人损招"与"诱惑"无处不在，给很多女性造成严重威胁，更让一些女性蒙受经济损失。因此，女性在投资理财时需睁大眼，辨是非，挡诱惑，强防范。唯有如此，才不至于让自己落入他人所铺设的投资理财的各种"坑人损招"中。

那究竟有哪些新理财"坑人损招"呢?笔者介绍如下，供女性参考。

"坑人损招"之一："低保费"保单，一次交费变月交

周亚梅刚办理了一张透支额度1万元的信用卡，便接到了一家保险公司打来的电话，告诉她："与银行联合搞优惠促销活动，可享受一项增值服务，办理一份1年期人身意外险，保费只有100元，可享受到50万元意外保障。"周亚梅认为钱不多就答应了。没想到几天后，她收到保单一看，100元只是一个月的保费，一年需1200元，从信用卡中扣除。

对于这类"低费"保单诱惑，女性一定要谨慎。为避免上当，在遇到这类电话推销保险的情况时，买前应把相关细节和内容问清楚、搞明白，如问清楚之后觉得确实很实惠，那就考虑购买，否则不买。

"坑人损招"之二：帮炒汇为名，佣金就是最大坑

程佳怡上网时认识一位在有外资背景的某投资咨询公司工作的资深交易员——吴某，吴某在外汇交易操盘时帮别人赚了不少钱。在他的怂恿下，程佳怡也投入了1万美元，仅几天时间，吴某就告诉她已赚800美元，当时她很兴奋。可没多久吴某则称走势看错，导致单子无法解套，平均每天都会亏损上百美元。听到账面上余额在日渐减少，程佳怡很着急，便要求吴某把账单截图给她看，收到账单后，她觉得里面藏有"猫腻"，每手交易无论赢、亏，都需要支付50美元佣金，交易代价非常高。一个多月时间，佣金支出就高达1000多美元。而且，由于存在卖空操作，每天还得支出几美元利息。不到3个月的时间，程佳怡炒外汇的钱便被"炒"得一点不留，她后悔不已，但为时已晚。

炒外汇本来就风险很大，且很多女性投资人又不懂其中的一些实质性东西，只是听说赚钱就去为之，那只会亏得一塌糊涂。而像程佳怡这样，即使找某投资咨询公司资深交易员帮自己炒，同样也会冒很大风险，资深交易员也并不见得就能赚大钱，如能赚大钱，他哪有时间代你去炒，拿自己的钱早赚得钵满盆溢了。总之，炒外汇不要盲目，重视风险最重要。

"坑人损招"之三："专家"代理财，请"伪专家"来坐镇

白静茹工作忙，只能把钱存银行赚低利息，但她很不甘心。一家打着"专家理财""委托理财可以让资产达到12%收益"口号的投资咨询公司吸引了她，她把积蓄全委托给该公司打理，同时签订了委托理财协议。可经过几个月的运作，白静茹的钱不但没得到12%的回报，反而还亏了不少。后来通过进一步了解得知，该投资咨询公司所谓的"专家"都是"伪专家"，只是懂些理财皮毛的人，根本达不到专家级别。他们为什么要称专家，为的就是吸引客户，从中谋"利"。

对"专家"理财，女性投资人一定要明辨真假，否则，选了"伪专家"代自己理财，到最后亏了钱，就后悔莫及了。当然，真理财"专家"

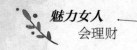

也有失手的时候，所以，选理财"专家"一定要慎重，重点看其过往给别人理财成效和业绩，如是真"专家"，理财亏损失手率往往较低，反之，则较高。

"坑人损招"之四："免担保"贷款，隐藏连环大骗局

谢敏芝的女儿得了重病，住院费最少需10万元，东挪西凑最终只凑到7万元，还有3万元缺口。看着重病的女儿，她急得像热锅上的蚂蚁，该怎么办？这时，她手机上突然收到一条救急短信：某某贷款公司可为客户提供免担保贷款，联系电话：××××××××××××。看到这条短信，她如捡到一根救命稻草，没多想，便打电话过去。对方告诉她只要验明身份证就可发放贷款。但前提条件是，先交600元资料费，并提供了一个银行卡账户。因贷款心切，她没有任何犹豫，便直接到银行把600元打到了对方提供的银行卡账户上。随后，又赶快打电话过去，没想到对方又提出新要求，还需500元审批费，未见贷款，她便花去了600元，而对方还在要。此时她觉得有些不对劲，便质问对方，没想到对方没回答，直接挂断了电话，再打没人接。此时，她才明白自己上当了。

天上没有掉馅饼的好事，遇到"馅饼"，必须三思而后行，否则吃亏的还是自己。就像谢敏芝受骗，很明显是她的不理智导致了自己被骗。你不妨反过来想，你和对方素不相识，别人凭什么要免担保贷款给你，对方就不怕你拿了钱一走了之吗？想通了，这种当也就不会轻易上了。

| 第二十章 |

保险投资，
为女人的一生遮风挡雨

第一篇

家有"熊孩子"，巧买保险来"分忧"

家有"熊孩子"，作为妈妈的邵亚婷又烦心又发愁，今天划伤了别人家的车，明天敲碎了别人家的玻璃，后天自己又玩过头，出意外受伤住院。邵亚婷操碎心不说，还得时时跟着出冤枉钱。孩子调皮捣蛋是天性，又好奇心强，闯祸在所难免。但是，闯祸归闯祸，如果能降低些经济损失，作为妈妈的邵亚婷还能有些慰藉，如何才能做到呢？笔者建议不妨巧买保险来"分忧"。

建议之一：选购专属险，降"惹祸"损失

"熊孩子"调皮捣蛋，闯祸不可避免，但是每次有问题家长就要跟着处理，除了赔礼道歉，有时候还要进行经济赔偿。有什么办法能替家长分担点经济损失呢？

建议通过购买保险公司推出的针对"熊孩子"的"第三者个人责任险"或"监护人责任保险"，转嫁相关损失赔偿。如某些保险公司推出的"熊孩子险""调皮捣蛋险"等。这类产品主要针对有18周岁以下未成年

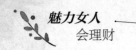

孩子的家庭，一旦未成年子女造成他人伤亡或财产损失，应由被保险人承担经济赔偿责任的，保险公司会负责。目前，推出这类保险的有中国平安、中国太保等多家保险公司。

建议之二：意外难避免，必买意外险

孩子天性爱玩，好奇心强，有的孩子什么危险地方都敢去，什么危险事都敢干，这大大增加了出意外的概率。即使家长为了避免意外，已经做了不少防范"工作"，但有的意外躲都躲不过，孩子被烧伤、致残，更严重的甚至身故。

建议通过购买保险公司针对儿童推出的少儿意外保险解决。这类保险保费不高，一般保费在几十元到数百元不等，保障的范围较广，理赔金额较高。保障范围涵盖因意外造成身故、残疾、烧伤等风险领域。如果家里经济条件允许，根据孩子风险需求，妈妈们还可另外选择购买一些保险公司专为孩子推出的针对孩子烫伤、跌落、气管异物等特殊伤害的保险，以使孩子万一出现意外时能得到保障。为了保护未成年人，防止道德风险，国家对未成年身故赔付进行了限额，10岁以下身故赔付不能超过20万元，10~18岁身故赔付不能超过50万元。

建议之三：选择医疗险，为"住院"护航

未成年人意外身故存在赔付限额，而且绝大部分意外都不会身故，所以医疗险就显得非常重要。未成年人的医疗险主要分为少儿社会医疗保险（各地区叫法可能不太一样）和少儿商业医疗保险两种。少儿社会医疗保险可以说是一种社会福利，只要花很少的钱，就可以得到非常全面的基础保障。社会医疗保险的优点有：参保限制少，不会因孩子健康问题而不能参保，能够长期稳定地提供保障；在患大病时，可以一定程度上转移风险，减轻家庭经济负担。当然，少儿社会医疗保险还有起付线、报销上限、保险范围等限制。少儿商业医疗保险是对社会医疗保险的补充和完善，在免赔额、报销额度、用药范围等方面各保险公司产品的要求不一

样，需要大家根据自己的情况，在保费多少、保额大小、医疗保障几个维度进行权衡，才能选择到一款适合自己的产品。如果预算足够，可以重点关注医疗保险不限社保用药的产品。

第二篇

规划好"二孩政策落地"保险，为精彩生活保驾护航

随着"二孩"政策的落地，越来越多的家庭有了第二胎的计划。但随着"二孩"的到来，很多妈妈又会遇到各种"麻烦事"，比如担心家庭有突发状况，家庭负担加重，生活质量可能下降。如何解决这些"麻烦"呢？笔者来帮您。

晋碧妍非常喜欢孩子，之前由于国家政策限制，她只生了一个孩子。随着国家"二孩"政策的落地，她越来越希望能再有一个孩子，可考虑到家庭现状，晋碧妍又有些退缩，摆在她面前的有三大问题："一孩"教育问题，自己生小孩问题，经济收入问题。当然，还有其他一些不可预料的"意外"问题。其实，对于这些问题，笔者认为并不是大事，只要能够做好保险规划，生活照样可以丰富多彩。如何规划？请看以下建议。

第一：给"顶梁柱"买保险

"二孩"出生后，支出肯定会更大，但一般来讲，只要家中主要经济来源不出问题，整个家庭也就不会有太大问题。所以，首先应考虑给家中"顶梁柱"购买保险。笔者建议最先购买重大疾病保险，首先确保足够的保额，再兼顾保障期限。意外险保费较低，常见的每年只要交一二百元，大家可以看看不同保险公司提供的意外险的具体内容，根据自己的需求购买。若资金充足，还建议购买定期寿险。

第二：给孩子买保险

在已给家中成年人购买保险后，若仍有可分配给保险的资金，建议给孩子也购买保险。首先购买的应该是重疾保险，这类保险的保费是和年龄挂钩的，年龄越小，保费越低。一名成年人的重疾保险，所交保费的总额可能和保障总额差不多，甚至比保额多，而孩子的总保费则远远低于保额。购买重疾保险后，还可以考虑意外险和医疗险，看不同家庭的收入水平和需求。

第三：给怀孕的妈妈买保险

"二孩"能出生，妈妈是关键人物。在怀孕、生产以及产后都会面临各种不可预料的风险，特别是高龄产妇，风险相对更大。所以，妈妈的保险同样必不可少。笔者建议：一是购买女性保险，这类保险保障范围虽以女性特定癌症、常见手术为主，但也具备妊娠期和新生儿保障功能，被保险人如在孕期患相关疾病，可按条款规定比例获得一定赔付，新生儿作为"附带被保险人"，如确诊患先天性疾病也可获相应保险金赔付；二是购买母婴保险，这类保险主要保障范围是妊娠疾病（如羊水栓塞、胎盘早期剥离等孕期高发疾病）和新生儿先天畸形（如新生儿先天性心脏病、唇腭裂等新生儿病症）。假如产妇属高龄则应提前买，高龄产妇生产风险大，在怀孕时买，多数保险公司会有很多限制，也许本来可理赔的，也被纳入免责范围内。

第四：对"二孩"生产过程买保险

现在一些保险公司已针对"二孩"推出"二孩险"，投保金额不高，但保障不低。所以如准备生二胎，可考虑购买"二孩险"。如某保险公司推出的"二孩险"就很不错，投保条件是生育一胎后备孕第二胎且身体健康女性，投保年龄最高可至45岁。该保险共有四款，对应保费分为200元、450元、600元和1000元四档，基本涵盖孕妇生育风险以及新生儿疾病。以600元保费险种为例，保障内容包括妊娠并发症住院医疗、新生儿

重症住院及手术医疗、婴儿严重先天畸形等保障。其中，妊娠并发症住院医疗可理赔1万元，新生儿重症住院及手术医疗费可理赔10万元。

第三篇

抓牢五大关键时间点，购买保险不吃亏

现在，越来越多的女性认识到购买保险的重要性。但大家是否知道如果自己没有好好抓住五个关键时间点，就可能吃大亏。那么，保险投资要抓紧哪五大关键时间点呢？笔者来告诉你。

关键时间点一：10天或15天的退保犹豫期

王飞霞5天前在某保险公司购买一款期缴型分红保险，但她仔细研读条款后，发觉这款保险并不适合自己，她有些后悔了，想退保。可如果退保自己是不是会有损失？

对于购买保险，投保人在购买后往往都会有10天或15天犹豫期，也就是说在这个时间内，投保人随时都可以反悔进行退保，不会有任何资金损失。

关键时间点二：60天的补交保费宽限期

张永丽是某公司的业务员，常年在外奔波，为防一旦自己发生意外或得重疾，家人能有保障，她在某保险公司购买了一款年缴费2500元保障达100万元的意外险。可在第3年需要缴费时，她因在外地出差，便把缴费的事耽搁了。当她回到驻地已经过了缴费期1月有余，她想现在缴费肯定已经迟了，可如果因自己没有按时缴费，万一保险公司解除合同，是不是自己会损失很大，该怎么办呢？再说张永丽又不想解除合同，这如何是好？

对于保险，一般保险公司都会有60天缴费宽限期，也就是说到了保险缴费期投保人没有缴费，在此后60天内只要补缴费，保险合同仍然有效，

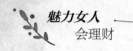

并维持原合同效力。

关键时间点三：30天、60天、90天、180天的重疾险观察期

殷淑琼一直身体不太好，她很担心自己患上重大疾病。一旦患上重大疾病，医疗费、生活费很可能是个大问题。所以，她为自己买了3份某保险公司的某款重疾险，没想到刚过2个月，她便出现了重疾险合同范围内的一种重疾。于是，她家人便到保险公司去申请理赔，没想到保险公司却说，只能退保费，且要解除保险合同，这是怎么回事？殷淑琼和家人特别不能理解。

对于重疾险，保险公司往往都会有观察期，只是时间有长有短，如30天、60天、90天，甚至180天。这也就是说，在这个时间内，保险公司需要"观察"，看投保人是不是有意带病投保，是不是会因小病引发大病。如果在观察期投保人出现保险合同范围中的重疾，保险公司是免责的，可以不理赔。因此，提醒女性投保人如有购买重疾险的意愿，最好还是早买为妙。

关键时间点四：2年的保险复效期

任瑞花在某保险公司购买了一款10年缴的期缴养老型保险，在交费3年后，因家里出现变故，花了不少钱，所以任瑞花便没有多余的钱再续交保费，她也就没有去交。断缴后第2年，她经济上有了缓和，觉得放弃先前购买的那款养老型保险有些遗憾。可任瑞花想，已经超出缴费期一年多了，是不是保险合同早成无效合同了，即使想再缴费也没法交了。

对于寿险，保险公司都会给投保人留有复效余地，即复效期。也就是说：在保险合同中止两年期限内，投保人和保险公司对保险合同可进行协商恢复，一旦达成一致，保单便会继续生效。当然，如果过了2年复效期，保单就会真正失效。

关键时间点五：2～5年的保险理赔期

外地工作的郑美媛前年坐大巴回老家时，不慎发生交通意外，致其右

腿严重骨折。今年的一天，她收拾衣柜时，突然看到衣服下面压着一张前年8月买的1年期，现在已经过期的意外险保单。她很懊恼，怎么现在才发现这张保单。她认为保单过期时间太长了，保险公司不会理赔。可当她无意中把这个后悔事说给一个闺蜜听时，懂保险的闺蜜建议她到保险公司问问，没想到得到的回复是还能理赔。

《保险法》第二十六条明确规定：人寿保险以外的其他保险的被保险人或者受益人，向保险人请求赔偿或者给付保险金的诉讼时效期限为二年，自其知道或者应当知道保险事故发生之日起计算。人寿保险的被保险人或者受益人向保险人请求给付保险金的诉讼时效期限为五年，自其知道或者应当知道保险事故发生之日起计算。

第四篇

处处重细节，拒绝医疗险理赔各种意外

很多女性虽说购买了医疗类保险，可是因为她们不懂、不了解不同医疗类保险的基本知识和理赔规定，在购买和理赔的整个过程中没有很好地注重相关细节，从而导致理赔纠纷不断，甚至花了钱，却最终没能真正得到保障。基于这些，笔者在此提醒女性，在购买医疗类保险时应处处注意细节，把常见几种拒赔意外拒之门外。

细节之一：买意外险最好附加意外医疗险

一天，周凯琴去单位上班途中不幸发生车祸，因伤势较为严重，所以她被迫在医院住了1个月，前后花费4万多元。后经医院确定，她左脚已经永远失去机能。此时，痛苦中的她想到自己曾在年初时买过1份10万元1年期人身意外伤害险。于是，她向保险公司提出了理赔要求。可令她没有想到的是，保险公司给予她的答复是：她左脚残废仅属于"五级残疾"，保险公司只能给她按保险金额的20%给付保险金，即2万元。医疗费用保险公司不予理赔。周凯琴很郁闷：怎么医疗费保险公司不予赔偿呢，这难道不是意外造成的吗？

一般来说，人身意外伤害保险所列明的保险责任，只包括被保险人因遭受意外伤害导致死亡或残疾，保险责任非常的单一。对意外伤害所导致的医疗费用，保险公司是不予赔偿的。那如何才能让其赔偿呢？很简单，多数人身意外险一般都能附加意外医疗险，而附加意外医疗险便会为被保险人"报销"医疗费。因此，女性投保人在购买人身意外险时，最好附加意外医疗险。一旦发生意外，医疗费用也能获得理赔。

细节之二：费用报销型医疗险多投并不能多赔

魏艳丽所在单位给在职职工长期购买有1份住院医疗险。一天，她逛街时看到某保险公司正在搞一款重疾险附加住院医疗险促销活动，她看了这款保险后觉得很不错，当时便买了1份。没想到，不久后，她就因颈椎病严重必须住院进行治疗，在住院期间医疗花费多达2万元。魏艳丽想，单位给自己购买有住院医疗险，而自己又购买了重疾险，并附加住院医疗险，即使是每家保险公司只给"报销"50%，也不需自己花一分钱。可没想到她在第一家保险公司"报销"了相关医疗费用后，到第二家保险公司"报销"时却遭到拒绝，理由是：魏艳丽这属于重复投保，保险公司只能给予一次赔偿。

目前市场上的医疗保险主要有两种：费用报销型险种和津贴型险种。费用报销型险种按实际医疗费支出理赔，遵循保险补偿原则。也就是说，医疗费用已在一个地方（如一家保险公司、社保、单位）报销获得补偿后，就不能再从另一家保险公司获得补偿。而按比例赔付则不适用于那些医疗津贴型险种，津贴型险种不需遵循补偿原则，它一般是实保实赔。只要发生手术或住院，如在多家公司投保，就能从多家公司得到理赔金。因此，笔者建议，进行医疗保险投保时，如想在不同保险公司投两份或多

份，女性投保人必须弄明白是费用报销型险种还是津贴型险种。只有津贴型险种可以多投。

细节之三：住院报销出院时间书写有讲究

乔安妮出了个小意外，这让她在医院住了6天。事后，她到保险公司进行住院津贴医疗保险理赔，保险公司却只赔付了她5天，而她并没有看到自己购买的住院津贴医疗保险产品有"免赔日"，按道理说应该是她住几天院，保险公司就给付她几天津贴。这是怎么回事？保险公司给了乔安妮明确答复："医生诊断书上明明白白写着住院5晚，第6天白天出院，说明你只住院5天，所以就只能理赔5天日额津贴"。而实际上，乔安妮住院时间是6个白天5个晚上。

假如乔安妮买的是实支实付费用报销型医疗险，保险公司就会依照医疗机构发票上金额、明细项目等来理赔，就不会出现这种"报销意外"。而对每日津贴型住院补贴，医疗险经常会出现这种理赔争议。因为理赔依据是病历卡、出院小结等材料上医生所撰写的住院天数，乔安妮的情况是诊断书上只提到住院5晚，第6天白天出院。于是按5天给予了她理赔日额津贴。基于这些，笔者建议，想彻底避免这种少报理赔天数的麻烦，不妨在医生写相关材料时和医生沟通，明确具体住院天数，或索性标注住院日期和出院日期。

细节之四："挫"字与"扭"字理赔情况天壤之别

一天，金铭嫣在步行回家途中，因躲闪一辆差点撞到她的汽车不慎跌倒，脚扭伤，这让她花了不少医疗费。购买有意外医疗保险的她，事后向保险公司提出理赔申请。结果却被保险公司拒赔，保险公司给出了拒赔理由："医生诊断说明书上说得很明白，她的脚是'扭伤'，而非'挫伤'，'扭伤'不符合意外医疗保险所理赔'意外'"。

意外险理赔定义很明确，"非本意的、外来的、突发的危害事件"，这三个条件缺一不可，而意外医疗险是在意外事故发生之后衍生的，必须

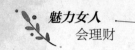

由意外事故导致医疗费用发生，所以也必须只能是外来、突发、非细菌感染而导致的意外引起的医疗行为，才可申请意外医疗保险金理赔。就金铭嫣的情况来讲，实际上是符合理赔要求的。之所以会被拒赔，是因为医生诊断说明书上的措辞，她的脚严重扭伤，来自意外，医生本应写"挫伤"，或"挫扭伤"，却直接写成了"扭伤"，如是"扭伤"，比如说走路扭到或是闪到腰，这就可被推定为并不符合意外险"外来"这一理赔条件。基于这些，笔者建议，遇到类似情况，为避免保险公司拒赔，在医生出诊断说明书时，一定要让其把"挫扭伤"或"挫伤"字眼写上，或写得更详细些，说明具体原因，比如躲闪汽车、摩托车等造成"挫扭伤"或"挫伤"，这样就更符合意外医疗险的理赔条件。